煤炭高等教育“十四五”规划教材

语言研究方法论

主　编　李　允　韩　梅
副主编　杨　明　刘　蜀　李铁欧

中国矿业大学出版社
·徐州·

图书在版编目(CIP)数据

语言研究方法论 / 李允，韩梅主编. — 徐州 ：中国矿业大学出版社，2023.12

ISBN 978 - 7 - 5646 - 6045 - 1

Ⅰ. ①语… Ⅱ. ①李… ②韩… Ⅲ. ①语言学—研究方法 Ⅳ. ①H0

中国国家版本馆 CIP 数据核字(2023)第 208776 号

书　　名　语言研究方法论

主　　编　李　允　韩　梅

责任编辑　万士才

出版发行　中国矿业大学出版社有限责任公司

　　　　　　(江苏省徐州市解放南路　邮编 221008)

营销热线　(0516)83885370　83884103

出版服务　(0516)83995789　83884920

网　　址　http://www.cumtp.com　**E-mail**:cumtpvip@cumtp.com

印　　刷　苏州市古得堡数码印刷有限公司

开　　本　787 mm×1092 mm　1/16　**印张** 12　**字数** 235 千字

版次印次　2023 年 12 月第 1 版　2023 年 12 月第 1 次印刷

定　　价　38.00 元

前　言

语言具有神奇的力量，可以对周边和自我的世界进行发现、描述，进行语言研究的同时也是探索世界、分析规律、认知拓展的一个过程。当下，以全球新科技革命、新经济发展、中国特色社会主义进入新时代为背景，应突破传统文科的思维模式，并以继承与创新、交叉与融合、协同与共享为主要途径，促进多学科交叉与深度融合，推动传统文科的更新升级。作为文科的特色内容之一，语言研究如何守正创新、交叉融合，是值得思考与探索的问题。信息时代对语言研究提出新的挑战，同时也带来了新的机遇。信息的主要载体之一是语言，信息时代的语言研究可能要同时考虑人和计算机的需要，这是一种信息时代的语言观。进入21世纪以后，人工智能(Artificial Intelligence，简称AI)带来的冲击是巨大的，如何利用科学技术应对人工智能的挑战，反思科学研究的意义，寻找规律解决问题，是当下研究者探讨的话题。

刘海涛教授多次明确提出语言研究的目标——中国语言学的国际化与语言研究的科学化(简称“两化”)。语言学研究应该具有普遍价值，并能够常用常新，不断随着时间的演变而更新。中国拥有的语言学研究队伍可能是世界上最为庞大的，但实事求是地讲，改革开放以来或者更早以前，我们的语言学家对于世界语言学的贡献是比较有限的。这并不是说我们自己的研究没有价值，而是世界很少知道我们的研究。国家和社会的迫切需求使得中国语言研究必须走国际化之路，尤其在现在的“双一流”建设背景下，更要求我们的学科建设不应当闭门造车，而应把优秀的成果主动拿出去与世界分享。语言研究的科学化不只是中国语言学家的事情，可能也是全世界语言学家追求的目标。在高水平的科学期刊上发表学术论文，是获得科学共同体认可的有效途径。但目前看来，这样的文章很难发表。如果一个学科在科学家认可的期刊上几乎很少有文章发表，那么它如何成为科学，甚至是“领先科学”？之所以难，一个很重要的原因在于科学的研究需要采用科学的方法。以科学的方法开展语言研究是语言研究走向科学化的必经之路。

语言研究的“两化”提出方向，表明要求，如何让中国的语言研究在国际学术界发声，科学的研究方法必不可缺。学科建设需要、人才培养需要、话语体系建设需要，“工欲善其事，必先利其器”，器就是工具、就是方法，科学的方法引导科学的路径。

本教材的编者在前期教学、研究的过程中，发现大部分的一线语言专业教师和学生在从事语言研究的过程中，研究热情充沛、研究问题多样，然而研究方法困惑、研究成果层次有限，当然领域内的佼佼者另当别论。尤其是在使用研究方法上，大部分的语言专业的教师和学生多为文科出身，缺乏相关的数学、逻辑学知识储备，面对信息化时代技术与方法的冲击，需要一定的科研训练方法、掌握合理的研究方法，突破自身研究局限。在此背景下，本教材在分析、研究前人编写的教材、著作基础上，借鉴国内外教材编写的理念，进行综合与实操并重的编写尝试，以定性研究、定量研究为两个支点，选取典型性、常用性、实操性的研究方法，并结合案例分析进行教材编写，让学习者明晰理论框架，掌握具体操作方法，熟悉研究过程，规范学术研究行为。第一章为概述，介绍语言研究的基本要素、语言研究基本概念间的关系、语言研究的基本方法等。第二章为定性研究，涵盖定性研究法方法和数据收集方法。研究方法涉及个案研究、叙事研究、行动研究、民族志研究、扎根理论研究、会话分析研究等，数据收集方法包括观察、访谈、笔记和日记、录音和录像、自陈、问卷等，重点介绍操作与步骤。第三章为定量研究，从实验研究和统计分析两个方面，进一步说明定量研究方法。实验研究部分涉及与实验研究密切相关的基本概念，探讨如何设计研究问题、确定变量、确保实验信度和效度等问题。统计分析部分在理解概念和使用前提的基础上，借助案例分析说明如何选择适当的检验方法和进行 SPSS 操作。第四章是其他研究工具，针对信息化时代语言研究要面临的数据处理问题，介绍常用的几种实用研究工具，如 Matlab、AMOS、CiteSpace 等，并对 ChatGPT 做简要分析。

本教材在编写过程中，编写团队成员同向同行、全力以赴，除本书编者外，徐文汇（第一、四章）、周琳（第三章）、郭利杰（第二章）、李玥昕（第三章）、姚莹娟（第三章）五位研究生在资料收集、排版校对等方面做了大量的工作。正是团队的协作精神与踏实付出成就本教材的问世。在成书过程中，本教材参考和借鉴了大量国内外著作、期刊、文章，在此向各位前辈和学者一并致谢。

限于编者水平，本书疏漏之处在所难免，敬请指正。

编　者

2023 年 7 月

目 录

第一章 概 述

引 言

语言是伴随劳动产生的，是社会的产物，并随着社会的发展而发展。人们一来到这个世界就处在一个语言社会当中，人类社会可以称得上是被语言所构建的社会。正是因为有了语言，人们才能将生产、生活经验储存于字里行间，能够有所依凭地去了解自己、了解他人、了解世界，进而给万物以秩序，加强人类间的合作，最终促进人类社会的发展与进步。

在人的日常生活中，语言像饮食起居一样不可或缺（叶蜚声 等，2006）。由于语言深入到生活的方方面面，人们司空见惯，甚至觉得没什么研究的必要。其实，语言可研究的内容包罗万象，如语音学、语法学、语义学、语用学等。正是有了语言，人类才能发展文化、科技，才能促使人类文明不断向前发展。语言内容丰富，包罗万象，十分复杂，需要人们投入大量的精力去展开研究。根据牛津词典的定义，研究是对材料和来源进行系统的调查和研究，以确立事实并得出新的结论，就其最基本和最简单的形式而言，研究是一种寻找问题答案的方法。研究作为日常生活的一部分，每天都在发生且没有地点的限制，也并非为研究人员的专利（Seliger，1999）。语言研究不受地点、身份及形式的限制，可以由任何身份的人、在任何地点、以任何合理的方式进行。正因为语言研究具有如此广泛的包容性和自由度，它吸引了来自不同背景、不同专业领域的众多研究者投入其中，促进了语言研究的发展。

语言本身构造十分复杂，需要研究者从不同的角度、不同的方面进行研究，对语言的研究称之为语言学。当今科学界认为，科学研究必须采用科学的方法进行（刘海涛 等，2018）。对于语言的研究应当注重研究方法上的可操作性、可验证性，追求研究的精准性。本书将在梳理语言研究基本要素的基础上，重点介绍语言研究的具体方法，便于学习者理解、使用，提高研究效率。

第一节 语言研究的基本要素

在语言研究当中，为了方便知识整理、深入研究、资源分配和合作，以及研究成果的推广和应用，我们一般将语言研究按研究内容和研究目的进行分类。研究内容可分为基础研究、应用研究和实用研究；而研究目的又分为探索性研究、描述性研究和解释性研究。

一、按研究内容分类

由于不同的研究内容具有不同的特点和目的，按照内容分类可以帮助研究者更好地聚焦于特定领域，深入研究相关的问题。语言研究按研究内容来分则有基础研究、应用研究和实用研究三种类型。

（一）基础研究

基础研究主要指进行基础或理论研究，多关注在特定的语言知识理论中发展抽象的语言描述。此类研究注重过程，或关注概念如何运作。基础研究所获得的信息，往往能够为以后的应用研究打下基础。语言的基础研究主要着眼于语言的本质、结构、运作规律等方面，且涉及多个领域，包括语言学、语言心理学、认知语言学、语用学等。

语言的基础研究目的是揭示语言的基本属性和普遍规律，探索语言产生和使用的原理，以及语言与认知、文化、社会等方面的关系。通过深入研究语音、语法、语义、语用等语言要素，可以更好地理解语言的结构和功能，为语言应用、教育、计算机处理等应用类研究提供理论基础。

在语言的基础研究中，研究者会探索语言的起源与发展、语言的分类与变异、语言的认知加工过程、语言习得与学习等问题。通过收集和分析语言数据，建立理论模型和解释框架，形成对语言现象的系统性认识。基础研究的成果为应用研究提供理论基础，推动语言教育、语言技术、跨文化交流等领域的发展。它也为我们更好地理解人类语言能力和语言多样性提供了重要的线索和结论。

（二）应用研究

应用研究是指将科学知识和技术方法应用于实际问题的研究活动。语言的应用研究并非仅发展或研究某一特定的语言现象，而是将语言研究的相关理论和研究成果应用于实际场景中，解决现实问题。语言的应用研究涉及领域十分广泛，其中一些重要的应用包括：

（1）自然语言处理（Natural Language Processing，简称 NLP）：通过计算机技术和人工智能方法，对自然语言进行处理和理解，包括文本分类、机器翻译、情感分析、信息抽取等内容。

（2）语音识别和合成：将语音信号转换为文字，并将文字转换为语音，用于语音助手、语音交互、语音合成等领域，当下发展空间十分广阔。

（3）语言教育和学习：研究如何利用语言相关理论和认知科学原理，改进语言教学方法，提高语言学习效果，包括外语教学、母语教育等。

（4）跨文化交流：研究如何解决不同语言和文化背景之间的交流障碍，包括跨文化沟通、翻译和口译等。

（5）语言政策和规划：研究如何制定和实施语言政策，保护和发展语言资源，促进语言多样性和文化多样性的可持续发展。

语言的应用研究将理论与问题相结合，推动了语言技术和语言教育的发展，促进了不同语言和文化之间的交流与理解，为个体和整个社会带来实际的利益和帮助；同时，语言的应用研究也有助于语料等资料的积累，从而反哺语言学的不断发展。

（三）实用研究

实用研究指基于基础研究与应用研究所开展的实际意义的研究，并将以上研究的成果应用于日常教学以及其他形式的应用当中。当前语言的实用研究已融入语言教学、语言测试、语言保护等领域，其中一些主要应用包括：

（1）语言教育和教学法：研究如何有效地教授和学习语言，发展和改进语言教育的方法、策略和教材。

（2）语言测试和评估：研究如何开发和使用有效的语言测试工具，以评估个体的语言水平和能力。

（3）跨文化交际：研究不同语言和文化背景之间的交际策略、礼仪和文化差异，以促进跨文化交流与理解。

（4）言语障碍和康复：研究言语障碍和沟通障碍的原因和治疗方法，为言语治疗师和康复专业人员提供支持和指导。

(5) 社交媒体大数据分析:研究如何利用语言数据和技术工具来分析社交媒体中的语言使用模式,进行舆情分析和信息提取。

语言的实用研究强调将理论与实践相结合,关注语言在日常生活和实际应用中的功能和效果。通过研究语言的实用性和实际应用问题,可以提供有针对性的解决方案,并推动语言相关领域的发展和改进。

二、按研究目的分类

语言研究是一个广泛而丰富的领域,将语言研究按研究目的来分类是为了更好地组织和理解不同研究的特点和目标,使研究者更有针对性地选择合适的研究方法。语言研究按研究目的分类主要有探索性研究、描述性研究、解释性研究三种。

(一) 探索性研究

探索性研究又被称为非实验研究,其研究过程主要发生在整个研究工作的最初期,即未完成选题或者开题的阶段。在此阶段需要研究者尝试利用各种工具和技术,尽可能地收集潜在研究领域完整和全面的信息。它的主要目的是获取关于研究对象的详细描述和初步理解,通过对潜在研究领域的进一步熟悉,调整甚至推翻研究方向。

探索性研究通常采用质性研究方法,如访谈、观察、文本分析等方式,以获取深入的、富有描述性的数据。探索性研究更注重收集研究对象的本质特征和背后的动因,而不是仅进行统计量化和一般性推断。探索性研究的特点如下:

(1) 非结构性和开放性:研究过程中的问题和数据收集方式较为灵活,不受预设的研究假设和理论框架的限制。

(2) 深入性和全面性:通过深入的探索和详细的描述,揭示问题或研究对象的各个方面和细节,为更深层次的理解和分析提供基础。

(3) 生成性和初步性:研究结果主要用于生成新的研究问题、设定假设和构建理论,为后续研究提供基础。

探索性研究可以帮助研究者深入了解一个新领域或探究新问题,并提供新的观点和想法,发现未知的关联和模式,为该领域或问题的进一步研究提供指导和支持。语言探索性研究有助于发现语言研究领域新的问题和挑战,推动语言研究的发展和创新。

（二）描述性研究

描述性研究的主要目的是收集有关总体分布特征的资料，提供有关总体结构、现象特点等方面的信息。与上文所说的探索性研究相比，描述性研究更为深入、覆盖面更广，且描述性研究细节更为饱满，能够使研究者更深入地了解某个学科。

描述性研究一般采用定性或定量研究方法，或者两者结合，以提供全面和准确的描述。收集数据的方式可以包括问卷调查、观察、文献综述、实验等方法。例如，语言研究者可以通过问卷调查或观察记录学生的语言学习时间、语言学习环境、语言学习方式等信息，以了解学生的语言学习行为和习惯，并进一步描绘整个学生群体的语言学习情况。描述性研究的特点主要有：

（1）描述性：研究结果主要是对研究对象的属性、特征、分布和关系进行客观描述，而不是解释其原因和动因。

（2）概括性：整理和概括研究数据和结果，以提供对研究对象的综合理解和整体把握。

（3）可比性：通过对数据的收集和整理，使得研究对象在不同方面具有可比性，从而形成统计总结和对比分析。

（4）实证性：研究结果应基于实际的数据和事实，准确地反映研究对象的现状和情况。

描述性研究可以帮助研究者了解某个群体、现象或事件的特征和规律，为进一步的研究提供基础和参考。在语言研究当中，描述性研究也具有重要作用，如语音学、语义学的研究等。通过描述性研究，研究者能够得到更多细节性的信息，进而使得研究内容更加立体、清晰。

（三）解释性研究

解释性研究常被用于回答社会生活中的许多问题，以及用来说明现象发生的原因，或用来解释社会现象之间的关系。解释性研究的目的是为了回答问题，所以解释性研究相较于探索性研究、描述性研究，其理论色彩更浓、严谨度更高。解释性研究通常是从理论假设出发，经过深入的调查实践收集资料，并通过对资料的对比分析来验证假设。

例如，如果语言研究者想要研究两种不同的语言教学方法对学生学习成绩的影响，便可以选取一群学生，将其分成两组，一组接受教学方法 A，另一组接受教学方法 B。一段时间后，研究者可以收集学生的成绩数据，通过比较两组学生的平均成绩，来评估这两种语言教学方法的效果，从而更好地描述和解释两种不同的语言教学方法对学生学习成绩的影响程度，以便给教育决策者更好的参考依据。

解释性研究的特点如下：

(1) 描述解释现象：解释性研究旨在描述并解释现象的原因、关系和特征，通过深入分析、归纳与推理，揭示事物背后的内在规律和机制。

(2) 自然环境观察：解释性研究通常在现实世界的自然环境中进行，力求准确地记录和观察真实的现象和行为，以保证研究的可靠性和有效性。

(3) 不可干预研究：与实验研究相比，解释性研究不会对研究对象进行干预或操控。它更关注对已有现象的观察和分析，而非创造新的情境或条件。

(4) 数据来源较多：为了全面解释现象，解释性研究通常采用多种数据收集方法，包括观察、访谈、问卷调查和文献研究等。通过综合不同类型的数据，可以获得更全面和可靠的研究结论。

(5) 理论驱动生成：解释性研究通常基于现有的理论框架或假设，通过对实证数据的解释和分析，进一步发展理论或产生新的理论观点。

总的来说，解释性研究具有深入分析和解释现象的特点，并强调对现实语言世界的观察和数据收集，以推动语言理论的发展和现象的解释。解释性研究可使语言研究内容更具深度，产出的数据和结论更具说服力，进而能够推进语言研究的深入发展。

第二节　语言研究基本概念间的关系

在进行语言研究之前，首先我们应当厘清几种概念及其之间的关系，如语言和言语、语言和思维，以及语言符号的社会约定性等。

一、语言和言语

语言的研究对象是语言本身。现代语言学之父索绪尔(Saussure，2009)在讲到语言学的材料和任务时就指出：语言学的材料首先是由人类言语活动的一切表现构成的。而人类言语活动是建立在语言基础之上的。索绪尔首先明确提出要把语言和言语分开，他称之为“建立言语活动理论的第一个分岔路”。

语言和言语的区分，是索绪尔为了明确语言学对象、建立独立的语言科学而创建的一个根本性的概念理论。正是有了这个区分，语言和言语的基础定义才明晰起来，研究者才能将语言研究进行归类细化。

按索绪尔的观点，言语是指个人说话的行为，是人类发出的一定声音和一定意义内容的结合，是以说话人的意志为转移的个人活动，所以表现出来的样态千差万别(Saussure，2009)。言语的多样性是由相同符号反复出现而组成的，并逐渐呈现出一定的规律性，从而抽象化为语言。因而，语言是有规律、有制度的，是人类的某种契约，是一个潜存于人类大脑之中的语言结构规则体系，并在人类群体中完整存在。

因而，在索绪尔言语体系下，语言是抽象，言语是具象；语言是群体的概括，言语是个人的活动；语言是一般，言语是个别；语言是相对静态的，言语是相对动态的；语言是内在的，言语是外在的。以上二者区别明确，但并不相互孤立。语言是作为言语的本质部分而存在于言语之中的，言语则是本质的具体表现，二者相互统一。

二、语言与思维

语言与思维之间的关系可以从学习者学习语言的过程中印证。学习者通过将某一个实物和一组特定的语音联系在一起，从而使得这个语言组合能在听话人的思想中唤起对这件实物的联想，这就是语言和思维之间建立起来的最基本的联系。

人类所具备的归纳概括能力在语言学习中起到了至关重要的作用。通过把同一个名称用于形形色色实物的方式，学习者受到启发诱导，对这些实物进行认真观察，并从中归纳出相似点来。在此过程中，学习者的智力也得到了持续锻炼。因为每一个词语符号都获得一个相对明确的思想内容，学习者所认识到和感知到的世界就根据词语符号进行相应的分类与排列。而学习者要“理解”一个词，则必须思考后形成自己的概念，然后才能理解表示概念的名称。

假设一个孩子面前放着一朵花、一个球和一条彩带，别人告诉他这些都是“红色”，使他的注意力集中到这些实物的共性上面，孩子才学会从不同的实物中把它们的共同特征抽象出来，也才理解“红色”这个词的意义。换句话说，词汇就好像是一条绳子，把世界上的种种现象捆扎起来。而学习者一旦掌握了这些词汇概念，他的记忆负担就会大大减轻。同时，语言中的抽象符号使人们形成抽象概念。儿童语言里若没有抽象符号，那么他在认识事物时就只能列举和辨别，而不能归类和合并，也就不能借助抽象概念使思维能力和智力水平得到提高。我们能够从学习外语的过程中，探知语言对人的认知能力的发展作用。该过程还是一种很有价值的智力训练，能够有效地提升人的知识储备。母语的词语同另外一种语言的词语在意义上不会完全一致，从而使人们在学会这门外语的同时能获得一套与母语不同的概念系统。

因此，语言符号好比是阶梯，思维沿着梯子从具体的印象一级级地上升到最抽象的概念，并和纯概念打交道。语言符号把我们得来的思维内容固定下来，并且为向更高处攀登提供稳固的立足点。这既是“语言是（抽象）思维最重要的工具”（叶蜚声 等，2006）的形象比喻，也是对“语言是思维成果的贮存方式”的阐述，即“语言是思维活动的动因和载体，是思维成果的贮存所（叶蜚声 等，2006）”。

三、语言符号的社会约定性

在索绪尔的理论中，语言符号具有任意性（Saussure，2009）。语言符号的任意性是指：任何语言符号都是由音响形象（语音）和概念（语义）结合而成，其中音响形象（语音）对应能指，概念（语义）对应所指。而作为符号系统的成员，单个语言符号形式和意义之间没有自然属性上的必然联系，只有社会约定的关系。

语言符号的社会约定性同时意味着其具备一定的强制性。换句话说，语言就是以最精细微妙的方式向人们施加力量，并且是最不容人们抗拒的一种社会现象。正是由于语言符号系统具有任意性的特点，也就要求使用者必须不折不扣地遵守它的条件；且只能被动地接受，没有随意更改的权利。所以，个人只有服服帖帖地接受群体的言语习惯，才能同群体的其他成员进行交际。

习得某一种语言就意味着接受某一套概念和价值。而学语言的根本是学一种思想、一种思维方式，这就需要学习者把自身浸染在某种文化环境当中。学习者在习得语言时，将其所从属的语言社群的言语习惯、社会成规融为自己的一部分。这是语言符号的社会约定性在潜在（内在）中的显性（外在）体现。

第三节 语言研究的基本方法

世界范围内文化交流活动日渐增多，例如移民、商业和科学的需求以及教育的要求，在进行语言研究时应当考虑多方面的影响因素。鉴于语言的复杂度，我们无法单从某一个角度来定义它，更不可能从单一的角度来研究它。在进行语言研究时，研究者应当充分考虑研究背景、研究工具和研究方法。

一、语言研究背景

语言研究背景是指在开展语言研究前，研究人员需要考虑和了解相关背景知识、理论和概念，以及研究领域的历史发展和现状。此外，研究者也需要预先对语言学、语言心理学、社会语言学、语用学等基本概念和理论有所了解。这些理论和概念包括音系学、形态学、句法学、语义学等语言学的子领域，以及话语分析、社会方言学等相关领域的理论框架和研究方法。

了解语言研究的历史背景和现状也十分重要。通过了解语言研究的历史发展，可以使研究者了解既往研究的成果和观点，避免做重复的研究工作。熟悉当前语言研究的趋势和热点，可以指导研究者选择问题、方法和理论框架，从而使研究具有前瞻性和价值。

语言研究背景还包括对特定语言或语言群体的了解。由于每种语言都有自己的语音、语法、词汇和言语习惯，因此研究者需要对特定语言的结构和特点有所关注。同时，考虑到语言与社会文化高度相关，开展研究时了解不同社会和文化背景下语言的使用和变体也十分重要。

二、语言研究中数据的收集方法

语言的信息可以通过观察、测试、访谈和仪器测试等多种方式进行收集。而在这方面，数据收集的方式也会有所不同。有多种方法可用于收集、分析和解释语言数据。以下是一些常用的语言研究中数据的收集方法：

(1) 问卷调查：问卷调查是一种常用的数据收集方法，可通过给参与者提供问题并要求他们填写答案来获取信息。问卷调查可被用于收集关于语言使用、言语习惯、语言态度等方面的数据。

(2) 访谈：访谈是一种面对面的沟通交流方式，研究者可以与参与者进行深入对话，了解他们的观点、意见和经验等。通过访谈的方式，收集到关于语言的相关内容。访谈对于探索个体的语言能力、语言社群的特点和语言现象的解释非常有用。

(3) 观察:通过系统地观察和记录语言交互以及语言使用者的行为,可以获取关于语言现象、语言规范和变体的信息。观察可以是实地观察,也可通过录音、视频等媒体进行。

(4) 实验:实验是一种控制变量的数据收集方法,通过操纵和测量关注的变量,以了解其对语言行为和语言认知的影响。实验可以提供关于语言处理、语法规则应用、语义理解等方面的定量数据。

(5) 语料库:语料库是收集大规模真实语言数据的媒体库,它可以为语言研究提供大量的语言样本。通过对语料库的分析,可以探索语言规律、语言变体、语言变化等现象。

(6) 语音分析工具:语音分析软件和设备可用于对语音信号进行分析和测量,以了解声音、音位和语音参数的特征和变化。

(7) 文本分析工具:文本分析软件可以用于处理和分析文本数据,如语料库中的文本样本,以获取语义、语用和语法等方面的信息。

除了以上列举的工具,还有一些专门用于语言研究的软件和设备,如眼动仪、脑电图(EEG)等。这些工具在语言研究中具有不同的功能和应用场景,能够帮助研究者收集和分析语言数据,从而深入地理解和解释语言现象。

三、语言研究方法

语言研究并不存在一种首选的研究方法。语言研究方法可能由研究者的哲学观念、指导研究的理论和各种主、客观因素决定,如进行研究的条件和被调查的问题。为了使语言研究更具说服力,同时基于对语言现象的研究目标和方法论的不同需求,语言研究方法主要分为两大类,即逻辑实证法和实验方法。

(一) 逻辑实证法

逻辑实证法(Logical Positivism)是一种基于实证主义哲学基础的研究方法,它在语言研究领域被广泛应用。逻辑实证法主张通过逻辑推理和实证验证来构建科学知识,强调通过观察和经验来验证理论假设的可靠性和真实性。

逻辑实证法强调通过观察和实证验证来建立语言理论。研究者通过收集语言实例、语言数据和语言现象,并通过运用逻辑推理和实证验证来验证理论的可信度和有效性。

逻辑实证法要求研究者基于直观感受和经验来构建语言理论，并以定量分析的方法，通过收集充分的数据来进行统计分析，以期得出严谨且可靠的理论。研究者应该通过直接感知和观察来获取语言数据和现象，并以此为基础来推测和验证理论。此外，最重要的是，逻辑实证法要求语言理论具有可观察性和可检验性。这也就意味着理论应该能够通过观察和实证验证来核验其正确性，并可以被其他研究者重复和检验。

逻辑实证法的目标是建立基于经验和可靠验证的科学知识，因此在语言研究中，它被用于构建和验证语言理论、测试语言假设、评估语言规则等。然而，逻辑实证法也有一些限制，例如不能涵盖所有可能的语言情况和现象，以及对主观和非可观察因素的忽视等。因此，在语言研究中还需要综合运用其他方法和理论来获得全面和深入的理解。

（二）实验方法

语言研究应该在研究方法上与经典的实证学科接轨，引进实验的方法来研究各类语言现象。鉴于语言研究的复杂性，我们不得不从最简单的现象开始，逐渐扩展研究对象。否则，一开始就面对复杂的语言现象，会陷入手足无措的境地。

根据金立鑫(2007)的观点，实验方法的基本原则是：确定并认证某个常量，在此基础上逐一加入(减少或改变)不同的变量，每加入(减少或改变)一个变量必须观察加入(减少或改变)该变量后是否引起变异(研究者所关注的领域内的变异或预期变异)。假定发生变异，可以认为：

(1) 该变异是由所加入(减少或改变)的变量引起的；

(2) 该变异是由所加入(减少或改变)的变量和其他常量共同引起的。

确定是否为(1)的条件是：该变量跟任一其他不同常量产生相同的变异(研究的简便性考虑，可以确定该变异是所加入的变量所具有的功能)。确定是否为(2)的条件是：该变量仅仅与某一特定的常量共现时才产生变异，而与其他任何常量共现时并不产生任何变异。

语言研究中常用的实验方法有很多种，如实验设计、问卷调查、语音实验、眼动实验、语料库分析等。这些实验方法可以根据具体的研究问题进行选择和组合，以获取关于语言现象的定量或定性数据，并进一步研究语言的规律和机制。

第四节 科研人员的素养

科研人员的素养是指其在科学研究领域具备的知识、技能和道德素质。《科学道德与学风建设宣讲参考大纲(试用本)》中明确指出,科研人员应当具备的素养主要包含诚信品行、严谨作风、科学方法、责任意识和人文素养。

一、诚信品行

诚信的科研品行是科研人员立身之本、立业之基。我国老一辈科研工作者既是重大科研成果的创造者,又是崇高思想品格的践行者。每一位工作者都应继承和发扬老一辈科研工作者的优良传统,努力遵守学术规范,坚守学术诚信,努力成为良好学术风气的维护者、严谨治学的力行者、优良学术道德的传承者,让科研工作成为太阳下最干净的职业。

二、严谨作风

严谨的工作作风是科研人员在科研活动中潜移默化形成的精神气质,是科研工作者得到社会各界普遍尊重的重要条件。踏实严谨的工作习惯是科研活动的基本要求。严谨的工作态度和作风应成为科研人员的职业习惯,融入他们的日常生活和科研工作中。开展科研工作,必须自觉把创造热情和科学态度结合起来,既要尊重科学规律,又要敢闯敢试、敢为人先,不懈奋斗、勇攀高峰。

三、科学方法

科研人员都是经过严格的科学训练培养出来的,掌握了基本的科学方法,并且在实际科研工作中不断运用,逐步达到运用自如、融会贯通。遵循和掌握严格的科学方法是科研工作者的谋生之道,是确立个人知识结构的保障。科研人员要秉承科学规范,在科学研究过程中不断探索先进适用的科学方法。要加强学习,努力借鉴国内外优秀科研团队的创新成果。

四、责任意识

科研人员是知识的创作者、知识的传播者,更是知识的应用者。科研人员的责任意识首先体现在科研人员的爱国精神上,要为祖国的富强和人民的福祉贡献才智和精力。其次,科研人员还要对科学研究的社会影响负责。慎重考虑研究工作的社会影响，审慎评估科研成果可能产生的社会效应，是每位科研工作者必须承担的社会责任。

五、人文素养

科研人员是具有丰厚人文素养的知识分子，这种人文素养不仅有助于融合理性思维和感性思维，促进科学精神与人文精神融合，塑造他们的完善人格和高尚情操，而且能够引导科研人员对人类未来进行深入思考、对社会福祉深切关怀、对科学技术的终极价值有准确把握，从而为他们在攀登科学高峰的道路上带来无穷的创造力。

小　结

毋庸置疑，自 20 世纪 50 年代起，乔姆斯基所倡导的语言形式化方法与理论为我们带来了一场语言研究革命。然而，几十年的理论与实践研究表明，语言研究可能还需要一些新的转变：第一，在研究对象上，应更多地关注真实的语言材料，关注人与语言系统的关系；第二，在研究方法上，需要根据真实语言材料的特点，采用先进的技术手段与研究方法，以此来弥补内省法或定性手段的不足；第三，在模型选择上，更需要关注模型的跨语言有效性，而不囿于某种特定的语言。

语言研究的内容是人类的语言，语言学家所发现的规律更多的应该是人类语言的普遍规律。无论是传统语言学还是现代语言学，研究的对象都是人类语言。不管语言学家是否准备好了，信息时代都已来临。信息的主要载体之一是语言，信息时代的语言研究可能要同时考虑人和计算机的需要，这是一种信息时代的语言观（刘海涛 等，2018）。

通过语言的研究，我们能够更好地理解语言的本质、语言之间的差异以及语言如何影响人类思维和社会交往。这对于教育、翻译、语音识别、自然语言处理等有着重要的应用价值。顺应时代，拥抱技术，坚持守正创新，树立正确观念，掌握科学方法。本书以定性研究、定量研究为两个支点，结合具体案例、详细实例等，重点突出语言研究方法的具体应用与实际操作，以期适应时代发展的要求、科学研究的要求以及个性化学习的要求，让学习者明晰理论框架，掌握具体方法操作，熟悉研究过程，规范学术行为，提升学术素养。

思考与讨论

1. 如何理解语言研究需要科学的方法？

2. 什么是语言的基础研究？请结合所学知识，谈谈你的认识。

3. 请谈谈逻辑实证法和实验方法之间的区别。

4. 请对语言和言语的定义进行解释，并阐述二者之间的差别。

5. 语言和思维之间存在什么联系？请结合所学知识，给它们之间的关系下一个定义。

第二章　定性研究

引　言

本章将对定性研究（包括定性研究方法及其数据收集方法）进行介绍。定性研究坚守实证主义的立场，认为存在绝对的真理和客观的事实，目的是寻找事物中普遍存在的“本质”（陈向明，2000）。这种方法要求研究者在充分掌握原始资料的基础上建立有根有据的结论，并通过检测手段逐步筛除不尽合理的假设和理论（陈向明，1996）。因此，定性研究方法在语言研究中有广泛的应用。例如，对二语习得者的学习动机、学习信念的探究，定性研究方法中的叙事研究方法不仅可以为理论建设提供信息，还可以产生实用的教学信息，成为语言教育者的一种有价值的方法。再如，行动研究可以为教师提供专业的见解，从而有助于语言教育者更深入地了解所教授语言的教学理论，更好地在课堂展开语言教学。

尽管定性研究方法种类颇多，鉴于语言研究不仅探索语言结构也关注语言演化规律，本章着重对语言研究中常用的定性研究方法包括个案研究、叙事研究、行动研究、民族志研究、扎根理论研究、会话分析研究等六种研究方法及其数据收集方法展开详细介绍。上述研究方法不仅可以有效服务于语言研究者对语言系统的深入观察，而且有益于学习者学习与掌握语言，为语言研究提供科学的数据分析与支持，使语言研究的结论更加客观、可靠。

第一节 定性研究方法

定性研究坚守实证主义的立场，对人类经验的性质或实质进行详细描述和分析（Marvasti，2004）。定性研究往往更关注社会理论和方法之间的反身性或互让关系（Marvasti，2004）。定性研究的开展通常不采用实验的形式进行，其研究数据不容易被量化（例如，某学生记录他在一年的英语课程学习中的态度），同时，定性研究的分析通常为解释性的而非统计性的。因此，与定量研究方法相比，定性研究方法更强调从局内人（Insiders）的角度研究现象。

一、个案研究（Case Study）

个案研究是社会科学研究的一种研究方法。使用该方法通常能够更好地理解上下文中的复杂现象。个案研究有多种分类方法，如单个案例研究、多个案例研究、多地点案例研究和比较案例研究等。个案研究的目的是为了彻底解释案例本身（内在的）或建立或检验理论（工具性的）而进行详细的描述（Moore et al.，2012）。

（一）个案研究及其分类

个案研究是对一种现象或某一现象的几个实例进行深入研究的一种研究方法，比如，对近期发生的事件、重要问题进行研究，挖掘对某些现象的全新或更深入的理解。个案研究是现代社会科学发展初期的主要研究方法，该研究方法在人类学家布罗尼斯拉夫·马林诺夫斯基（Bronislaw Malinowski）和芝加哥社会学派的研究中均有体现。“个案”是一个“有界系统”（Bounded System）（Merriam，1988），即研究者要研究的是一个边界清晰的个人或实体，如学生、学校等。有界系统包括个人（或机构）、地点以及展示前两者之间关系的背景特征。大多数个案研究者认为有界性原则（the Principle of Boundedness）是个案研究的核心（Hood，2009）。因此，个案研究前研究者的任务之一就是为研究对象划定界限。个案研究的边界划定与研究者的兴趣紧密相连。比如，研究者对高一学生英语学习的案例感兴趣，那么，这些高一学生就是研究者个案研究中的个体；而研究范围的界定取决于研究者对研究个体的哪些方面感兴趣。如果学生的课堂互动是研究者的兴趣点，那么，研究范围就局限于教室以及与之相关的背景信息（包括教师、学生、授课内容等）；如果社交在学生英语学习中的作用是研究者的兴趣点，那么，研究范围则会扩大，包括校外活动、课余时间的安排等。

个案研究按照不同标准有不同的分类，而不同类型之间的界限并不明显，某一个案研究可能属于多种类别的分类。按照研究目的不同，斯塔克（Stake，1995）将个案研究分为内在个案研究（Intrinsic Case Study）与工具性个案研究（Instrumental Case Study）。内在个案研究的目的是针对某一特定个案本身有深刻的理解，与其他个案不进行对比研究，也不对当前案例进行概括。工具性个案研究的目的是用个案研究的结果来阐明某一特定问题、现象或理论，或将研究结果与现有发现进行比较，以证实或质疑它们的有效性。内在个案研究主要通过描述性方法，着眼于案例的特殊性，而工具性个案研究，除了描述之外，更侧重于解释和评估。按照研究的案例数量及研究地点的数量，个案研究可以设计为包括同一现象的一个或几个案例，并可在任意数量的地点进行。据此，个案研究可以分为单个案研究（Single Case Study）、多（地点）个案研究[Multiple (Site) Case Study]或比较个案研究（Comparative Case Study）（Moore et al.，2012）。单个案研究是指仅使用一个案例在单个地点（如某一教室）进行的研究。多（地点）个案研究是指可以对案例中的多个案例在一个地点（或多个地点）进行的研究。例如，对在同一所学校的高一年级的几个班级学生英语听力学习的研究，或对在不同学校高一年级的几个班级学生英语听力学习的研究。由于多（地点）个案研究是为了比较研究而进行的，有时也被称为比较个案研究。

（二）个案研究的步骤

个案研究通常按照以下四个步骤进行：研究概念化、制订研究计划、展开研究以及撰写研究报告（Hood，2009）。

1. 研究概念化

研究概念化这一步包括明确研究对象、确定研究问题、划定研究范围以及明确研究目的等。如上文所述，研究对象是一个有界系统，由个人或实体和社会行为发生的环境组成。一个案例可能是狭义的，也可能是广义的，这取决于研究者的兴趣范围（Hood，2009）。

2. 制订研究计划

明确案例并确定相关研究问题后，研究者就可以进入第二步，开始制订研究计划，包括：

(1) 收集什么数据；

(2) 向谁收集数据；

(3) 收集数据的时间、地点以及方式；

(4) 谁应该收集数据。

案例研究者根据研究问题决定所收集的数据类型。虽然在案例研究中使用哪种类型的数据没有固定的规则，但是案例研究者可以观察人和事物，如参与者、活动、互动和对话，还可以考察个人的思想、感受和经历等。这些不容易观察到的数据，最好通过采访研究对象来获取。数据类型确定好之后，研究者需要决定被调查者，即向谁收集数据。被调查者是研究数据的来源，是了解案例的人，他们可以帮助研究者了解案例。因此，案例研究者需要对被调查者做一个计划，该计划包含从不同来源和不同角度收集数据，以回答研究问题。研究者一旦确定了研究所需的数据类型和数据收集策略，就可以构建一个时间轴。根据研究对象和研究内容的不同，研究者需要与研究地点取得联系并确保能够进入研究地点。研究者还需要制订计划确保参与者同意参与研究活动，并在必要时获得相关批准。最后，研究者还要考虑谁是收集数据的最佳人选。通常可能需要多名调查人员参与数据收集。当不同的观察者发现相似之处时，这样的发现可以为研究问题提供有力的证据与参考；而对他们发现的不同之处，则有必要进一步调查。

3. 展开研究

在展开研究这一阶段，案例研究者要进行数据的收集与分析。在定性研究中，数据的收集和分析是同时且连续发生的，因此，与其将它们区分为单独的步骤，不如将它们视为一个研究过程中的两方面。正如茵(Yin，2003)所言，没有“常规公式”可以用在案例研究中。数据收集之始，案例研究设计是比较开放的、暂定的。随着对最初收集的数据开始分析，研究问题会逐渐变得更加准确，研究的范围和方向逐渐明确，案例的边界也变得更加清晰。研究者会为之后的研究提供改进方法，比如，研究所收集的数据类型可能会改变，数据收集方法也可能进行调整等。

在数据收集过程中，研究者必须细心地观察、认真地听、仔细地看，并进行深入思考。同时，作为调查者，研究者又好似过滤器，决定哪些数据与自己的研究重点有关、哪些毫无意义。因此，研究者便会遇到先入为主的问题。研究者的偏见可能会影响数据、问题等的选择，要完全摆脱偏见是不可能的，但研究者必须诚实地对待这一问题，考虑它可能会对进行的研究有何影响，并在整个研究过程中进行解释，尽力做到平衡、减少影响（Yin，2003）。对此，一些研究者通过写备忘录来防止一些先入为主的观点对研究的影响。他们会在设计阶段就开始写备忘录，探索偏见的来源、他们的态度以及他们思考中可能存在的盲点。研究者可能在整个研究过程中使用这些备忘录。理查兹（Richards）认为，保持记录研究日记可以帮助研究者对数据保持批判性的观点。此外，与参与者一起回顾数据也是一种研究者常用的防止偏见的方法。研究者除采用访谈、观察、日记等定性的方法收集数据之外，还可以借助定量的手段来获取一些数据，此时，研究者的任务是在定量和定性数据之间取得平衡，以获得研究问题的最佳答案。

数据收集是一个累积的过程，同时也是个案研究者不断调整、精进自己研究的过程。与定量研究不同，定性研究中的研究问题，比如个案研究，可能会随着研究者在对数据分析过程中不断加深对参与者及背景的深入了解而不断发展。因此，个案研究的研究问题可能会在整个研究过程中不断进行检查和修改。在分析数据时，初始阶段研究者通常对来自观察、访谈和其他来源的定性数据进行编码或分类。编码就是分析。研究者不断地比较数据（如相似性和差异性），解构信息，然后将代码分配给不同的类别，剖析各个部分，以更有意义的方式将它们重新组合在一起。这一过程是个案研究者得出结论、提出观点的基础。代码的生成应该与研究目的相关，并且在概念上保持一致。通过分析数据，形成较为抽象的类目，符合该类目的数据就可以归为这一类。打个比方，该过程类似于食品超市对食品分类一样。将每种食品与其他食品进行比较，从而生成与它们的特性相关的类目。通过这种方式，食品可以分为类目和次类目。比如，橙子可以被归为水果类，也可以被归为柑橘类等次类目。在数据收集与编码分析的过程中，一些主题、模式等开始出现。这些新出现的想法可能使研究者对研究重点进行调整，也可能会将研究者带入一个新的研究方向。由于个案研究的案例和研究者的研究问题决定了个案研究的数据类型及其收集方法与分析方法这一特殊性，因此，个案研究很难形成一个规定性的数据分析步骤，但学习者可以参考理查兹（Richards，2003）列出的个案研究数据分析涉及的七方面展开研究（Aspects of case study data analysis）：

(1) Collect data.

(2) Think about the data in relation to the research project.

(3) Categorize (code) the data.

(4) Reflect on the data (write notes, memos, comments, etc.).

(5) Organize the data in different ways to find previously unseen patterns and connections.

(6) Connect the emerging issues and themes to concepts and theories that may help explain them.

(7) Collect more data, based on the directions suggested by previous analysis.

4. 撰写研究报告

在数据收集和分析后,研究者进入研究报告撰写阶段。个案研究报告通常包含以下几方面内容:

(1) 介绍研究问题;

(2) 介绍基于文献回顾之上的理论框架;

(3) 为研究的个案下定义或限定研究范围;

(4) 介绍研究目的;

(5) 描述个案的背景;

(6) 描述选择的数据样本;

(7) 介绍数据收集和分析的方法;

(8) 介绍确保研究结果有效性的方法;

(9) 介绍研究发现;

(10) 介绍研究发现的意义(Moore et al.,2012)。

由于个案研究设计的多样性,个案研究报告的撰写没有规定性格式,报告的组织和展开方式也有很大不同,大多个案研究倾向于采用叙事风格。学习者可以多阅读该研究领域专家的刊物、已发表文献,学习有经验的研究者如何完成研究报告的撰写。

二、叙事研究(Narrative Study)

叙事不是反映过去,而是折射过去。叙事研究的前提是我们通过叙事来理解我们的生活。因此,叙事研究可以用于语言教育领域,研究学习动机、学习策略、学习者自主性等问题。

(一) 叙事研究及其分类

"叙事研究"一词最早由康奈利与克兰迪宁(Connelly et al.,1990)使用,用作描述教师个人故事。叙事研究，即把经验作为故事来研究，是一种对经验的思考方式。叙事研究作为一种方法论包含对现象的观察与思考。使用叙事研究方法是采用将经验作为研究现象的一种特殊的视角（Clandinin et al.，2007）。有学者认为，叙事研究指任何使用或分析叙事材料的研究。数据可以通过故事的形式收集，比如采访或文学作品提供的生活故事；也可以通过其他方式收集，比如人类学家将观察的田野笔记记录为记叙文或私人信件。叙事研究既可以是研究的对象，也可以是研究其他问题的手段。叙事研究可以在群体之间进行比较，用于了解某一社会现象或历史时期，或探索一个人物性格（Lieblich et al.，1998）。克兰蒂尼与康奈利（Clandininy et al.，2000）将叙事研究视为对交易经验（Transactional Experience）的研究，即对研究过程中涉及的人、地点和观点之间关系的研究。他们所谓交易是发生在叙述者（即受访者）、听众（即采访者、故事的潜在听众或学习者）与实际环境之间的。因此，这三种现象（叙述者、听众、环境）并不是孤立存在的，而是在叙述时意义与知识产生的过程中相互交织的。因此，叙事研究者能够将参与者的世界解读为既被历史解释（Historical Interpretations）所塑造，又被以某些有限的方式塑造历史解释。研究者通过提问来更好地理解故事及其中的细节。叙事研究者为故事制定框架的同时也决定讲述的内容与方式，以便以书面形式写出对故事的完整解读。

叙事研究可以分为多种类型，如传记、自传、生活史研究（Life Story Research）和口述历史（Oral History）等。在传记中，研究者写下并记录另一个人的生活经历。自传是一种叙事研究形式，它可以是一个人或一群人记录自己的经历，并写下他们自己和这些经历。在生活史研究中，研究者描述了一个研究对象的整个人生。在口述历史研究中，研究对象可以是个人也可以是群体，研究者向研究对象收集他或他们的一段经历的相关信息，包括该经历的起因与结果以及对个人、社区和整个社会的影响。

（二）叙事研究的步骤

叙事研究通常按照收集数据、分析数据、撰写研究报告这三个步骤来完成（Murray，2009）。

1. 收集数据

收集数据前，叙事研究者需要完成六项任务：

（1）制订研究计划；

(2) 准备访谈问题；

(3) 进行初步研究(Pilot Study)；

(4) 选择研究对象；

(5) 与研究对象建立和谐关系；

(6) 撰写访谈报告。

研究者制订研究计划时需要考虑清楚研究问题是什么、研究理论依据是什么，以及研究方法是什么。比如，叙事研究者的研究问题是：那些既不迈出国门没有在目标语的环境中生活学习过，也不跟随专业的俄语老师学习过的俄语自学者是如何进行俄语学习并掌握这门语言的？研究者的研究理论依据是：普遍认为对于外语学习的最好方法是让学习者沉浸在目标语的语言和文化中。那么，解决这个问题的最好方法是询问那些俄语自学者是如何学会俄语的。换言之，让他们告诉研究者他们学习俄语的故事。研究计划确定好之后，研究者需要准备访谈问题或设置访谈提纲。访谈时，如果直接让研究对象说出他们学习俄语的故事，比如"请告诉我，你是怎么自学俄语的"，研究对象即受访者可能因不确定应该包含哪些信息而有所遗漏，因此，研究者提前准备诸如个人背景、自学俄语动机、目标、自身语言水平、使用什么资源和方法等一系列问题，有助于研究对象分享自己的故事。

初步研究不仅可以使研究者修改访谈时的问题，还可以使研究者改进访谈的技巧，在开始实际研究之前解决潜在的问题。因此，初步研究的进行为研究者提供了一个可以测试与改进收集与分析数据的方法和过程的机会。根据不同的研究问题，研究对象的选择标准也有所不同。上述例子中，选择研究对象的标准主要是他们必须通过自学的方式学会俄语，而且没有在讲俄语的国家生活和学习过。为了获得尽可能多样化的经验，研究者要尝试选择不同性别、年龄和职业的参与者作为研究对象。选择好研究对象后，研究者需要与研究对象熟悉起来。因为访谈中需要研究对象谈论他们的生活，那么研究者与他们建立一种和谐的关系是至关重要的。因此，与研究对象的第一次会面最好安排在一个安全、中立、有利于谈话的地方，比如咖啡厅。在第一次谈话中，研究者需要向研究对象解释研究目的、研究对象的角色、耗时长短、如何保护研究对象的隐私，以及如何处理研究结果等问题。谈话的最后，研究者要征求研究对象的意见，即是否有兴趣参加这项研究，以便决定是否安排下次见面。第一次谈话结束后，通常研究者会将谈话内容转录下来。尽管这里将数据收集和分析过程分开，但实际上它们是重叠的。分析过程实际上始于第一次访谈的转录(Riessman，2008)。虽然抄写是一项费时乏味的工作，但它的好处是当研究者逐字逐句地写下研究对象的话时，研究者有机会理解他们的对话并对其进行反思。在这个过程中，研究者可以了解到哪些部分应该深入探讨而实际上却没有，哪些部分需要在第二次访谈时进一步探究，从而不断进行调整，为下一次采访做准备。

2. 分析数据

在分析数据过程中，研究者对数据进行比较、对比、分类、阅读、做笔记、思考、重读、重新做笔记、重新思考等。首先，研究者要对访谈转录进行编码。编码就是对转录的数据文本中对表达特定思想或某一事件的段落进行标记或命名。编码将数据分解为可管理的片段，并为这些片段命名或标记，使研究者能够对它们进行管理操作。例如，将它们组合在一起，重新组合它们，并对它们进行分类。比如对自学俄语者的访谈进行编码时，通过阅读访谈记录，研究者将包含一个意义的话语或部分分离出来，并在旁边附加一个代码，如“动机”“目的”等。在编码时要注意避免对同一现象使用不同的代码，因此，研究者可以建立一个代码表。编码之后，研究者寻找代码之间的联系并对代码进行分组。随着研究的进行，会有新代码不断添加到代码列表中。研究者将新的文本片段与已经编码的文本片段进行比较，以确认是否属于一类、适用相同的代码。新代码与现有代码之间有相关性的可以合并成为类别。类别是由相关代码以及它们所代表的数据片段组合在一起的。在此之后，研究者进行的第三步是将对不同研究对象的第二次访谈的内容分别匹配到与之对应的故事编写中。该步骤可能会反复进行多次，即研究者把之后每次进行的访谈都进行分类匹配。这一过程通常是按照访谈的时间顺序进行的，研究者可以用研究对象的原话把第二次访谈（包括之后的每次访谈）的故事与之前的故事拼凑起来，也可以为了连贯性，增加一些语言。在这一过程中，如果有什么不清楚的地方，研究者可以参考访谈记录，如果仍有疑问，则需要联系研究对象进行确认。需要注意的是，研究对象可能在采访过程中不止一次地谈到一个事件，遇到这种情况时，研究者可以将所有相关信息整合到一个故事中。

上述环节完成之后，研究者要将写好的故事与相关说明发给研究对象，目的是获得研究对象的评价以及必要时做出一定的修改。这样做的原因有二：其一，这些故事是属于研究对象的；其二，将访谈内容编写为故事的过程中有可能对研究对象的情况进行错误描述，所以成员检查（Member Checks）是非常重要的一个环节。出于同样的原因，在分析过程中，研究者也可以将自己的分析、解释分享给研究对象，征求他们的反馈。研究者还要展开“跨故事”分析，即不同故事之间的对比分析。研究者把不同故事中有着相同或相似描述的片段分别归入到与之相匹配的代码或类别下。在这一过程中,可能会出现这样的情况,就是同一片段被置于不同的代码或类别下,此时研究者会注意到不同类别或代码之间可能存在一定的联系。最后,研究者需要从故事中提炼出主题。提炼主题是一个高度创造性的过程,很难进行具体描述,需要研究者在不断地比较分析、反思中对故事进行高度抽象与提炼。

3. 撰写研究报告

在撰写叙事研究的研究报告时,学习者要注意叙事研究不是简单地讲故事,而是分析故事并阐述故事之外的见解和假设。因此,研究报告的撰写要避免故事讲述,同时要遵守定性研究报告的格式。研究者可以先对研究问题进行陈述,介绍选题原因、选题背景,然后概述数据收集与分析过程,并对研究对象的相关信息进行介绍,最后阐述研究主题与研究意义并提出与未来研究相关的建议。

关于叙事研究方法在外语教学方面的研究,学习者可以参考徐锦芬教授的《优秀高校英语教师专业成长的叙事研究——基于教师个人实践知识的探索》《外语教育研究中的叙事探究》等著作。

三、行动研究(Action Research)

行动研究是参与者在社会情境中进行的一种自我反思式调查,目的在于改变和改善这种情境。行动研究是一种非常吸引教师的研究方法,可以用来系统地调查教学环境中的问题或困境,包括一个教学计划、观察和反思等过程。教师可以有效地发现自己教学实践和背景中的问题,并进行调整与改善。

(一)行动研究及其历史

行动研究一词最早由心理学家库尔特·勒温(Kurt Lewin)使用。20 世纪 40 年代库尔特·勒温从德国来到美国,与移民群体一起工作,以促进他们更好地融入美国社会。他试图通过解释人类行为来对其进行改善,他的观点与社会技术研究传统(Sociotechnical Research Tradition)密切相关,由当时伦敦塔维斯托克研究所(Tavistock Institute)的艾瑞克·特里斯特(Eric Trist)等研究人员发展。行动研究在 20 世纪五六十年代的美国、法国与德国短暂兴起后便被边缘化,直到 20 世纪 70 年代在英国随着研究者运动的兴起,才又重新兴起。该运动源自于劳伦斯·斯腾豪斯(Lawrence Stenhouse)的观点,即教育课程改革的成功取决于教师积极参与研究改革的目的和教学实践(Smoekh,2008)。行动研究的再次兴起对奥地利与西班牙学者在行动研究的兴趣上产生了影响。20世纪80年代,斯蒂芬·凯米斯(Stephen Kemmis)与维尔夫·卡伊(Wilf Caee)通过在尤尔根·哈贝马斯(Jürgen Habermas)的批判理论中重新塑造行动研究,为行动研究建立了一个重要的新方向。在雪莉·格伦迪(Shirley Grundy)早期研究的基础上,他们将行动研究分为三种类型:技术行动研究、实践行动研究与批判行动研究,并将批判行动研究作为一种解放参与者的方法,为他们提供获取知识的途径和抵抗压迫性制度实践的权力(Smoekh,2008)。到20世纪80年代中期,美国已经建立了一种新的行动研究传统,其基础是教师教育,而非课程改革;重点是将教学和研究结合起来,重新定义教学的知识基础是基于教师对自身实践的探究。

关于行动研究的定义有很多,其中一个广为人知的定义是:行动研究是行动参与者进行的一种自我反思的探究形式,其目的是为了提高行动自身实践的合理性和公正性,让行动参与者对这些实践以及实践所发生的情形进行更深的理解(Carr et al.,1986)。因为行动研究是建立在参与者群体的价值观和实践基础上的,行动研究者关注的是理解他们自己的主体性,以及这些主体性如何影响研究过程,而不是试图消除它们。反身性,即研究人员不断探索他们自己的假设,以及这些假设如何影响他们的研究活动、他们的解释和知识的产生。行动研究的一个重要特征是,它在由研究情况的“内部人士”与外部促进者/研究人员/顾问组成的合作伙伴关系下进行的(Smoekh,2008)。而合作伙伴关系的性质各不相同,比如那些将教师作为研究者的传统工作中的人有时会质疑由外部顾问进行的行动研究的真实性,但在护理、社会护理和社区护理等专业领域中,外部顾问经常发挥领导作用。在参与式行动研究的传统中,整个社区的发展通常从外部干预开始,研究和行动的方向是与参与者协商的,因此随着时间的推移,控制权从专家转向社区成员。

(二)行动研究的阶段

关于行动研究的不同阶段或具体过程,学界还存在一定争议,并未达成一致看法。本节将借鉴2009年伯恩斯(Burns)在《行动研究》(Action Research)一文中对行动研究所涉及的阶段的总结展开介绍。他认为,行动研究通常涉及数据收集、数据分析与撰写研究报告三个阶段(Burns,2009)。行动研究收集数据通常采取观察和询问的方式,即观察的方法和非观察的方法,如问卷、日记、访谈等。虽然行动研究通常被认为是一种定性方法,但并不排除使用统计分析的方式收集、分析数据。数据收集方式的选择并非随机的，而是与行动研究要了解或解决的问题直接相关。如果研究者想要了解参与者对某个特定问题的看法，那么，只对研究对象的学习活动进行观察并不能提供所需的信息，而采用日记、观察与访谈这三种方法会提供更详细的数据信息。由于定性研究的周期性，研究者要随着研究的展开，对收集数据所发现的信息进行反思，不能被最初的发现所左右，要不断看收集的数据会提供哪些新的信息与解释。行动研究报告的数据分析亦是如此。行动研究的数据分析通常经历三个阶段：根据数据确定主题、对数据进行编码以及叙述观察结果，而如果有定量收集的数据，还需要有量化数据的阶段。行动研究报告的撰写通常以第一人称进行，作为一种反身叙述，它结合了对研究过程和知识生成的批判(Smoekh,2008)。

王蔷教授的研究可以具体化学习者对本小节内容的理解。在对上百位中小学外语教师展开行动研究的基础上，王蔷教授将行动研究的步骤概括为观察和发现问题、分析和确认问题、制订行动计划、实施行动计划、评价行动效果五个步骤，如图 2-1 所示。

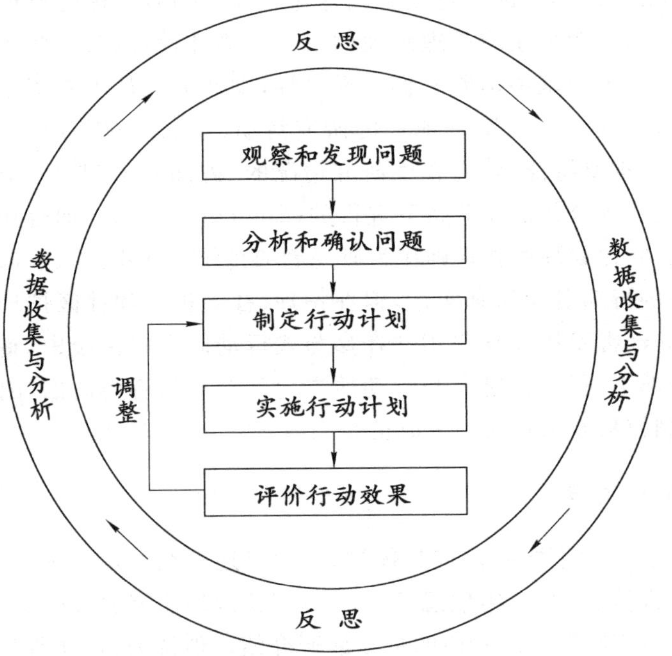

图 2-1　行动研究的基本过程(王蔷,2014)

由图 2-1 可见，反思、数据的收集与分析贯穿行动研究的整个过程中。在本研究中，教师首先通过观察与反思，找出自己教学实践中存在的问题并逐渐聚焦，为下一步调查与分析做准备。在聚焦某一问题后，教师要对问题进行细化，并从多角度展开调查，进而确认最终要解决的关键问题。在这一步骤中，教师除了要认真观察、分析、思考之外，还要以问卷调查、访谈等方式发现、补充问题，或推翻不成立的假设，从而为设计行动方案打基础。进入第三个步骤制订行动计划时，要围绕核心问题：研究者如何改进已确认的教学实践问题展开，同时要注意对前人已有研究和相关理论的梳理。在制订行动计划后，教师就可以实施行动计划了。在这一步骤中，会遇到无法严格按照计划进行的情况，以及在实施行动计划的同时，要收集数据并定期整理，以此为监控行动、反思调整的依据。最后，教师要对已经进行的行动研究展开评估，并对行动效果进行审视：是否达到预期目标、是否解决相关问题、是否开启新一轮研究（王蔷，2014）。

四、民族志研究（Ethnography Study）

民族志研究专注于对行为的文化解释，可以提供对一种文化的深刻细致的理解。其研究报告通常以叙事的形式呈现，包含非常详细的描述，因此篇幅较长。由于民族志研究需要长期的投入，研究者需要在研究开始前就做好长期投入的准备。

（一）民族志及其特征

民族志（Ethnography）一词由希腊语中“人”（Ethnos）和“写”（Graphei）两词合并而成，字面意思是书写关于人或者文化的东西。民族志是对人以及人的文化进行详细地、动态地、情景化描绘的一种方法，探究特定文化中人们的生活方式、价值观念与行为模式（Peacock，1986）。该方法要求研究者长期地与当地人生活在一起，通过自己的切身体验获得对当地人及其文化的理解（陈向明，2000）。

民族志的核心是要同时进行两种看似矛盾的活动：参与和观察，即民族志研究者在观察当前研究主题、对象的同时，也要作为参与者加入到研究主题和对象中。因此，研究者与研究对象之间的关系，很大程度上取决于该民族志研究的主题以及与该领域相关的其他偶然性（比如，民族志进行的具体环境等）。与其他研究方法相比，民族志研究更需要研究者参与到当前所进行的研究课题中。这也是民族志研究的第一个维度。第二个维度是民族志关注所获数据的社会背景。民族志研究者不会将研究发现独立于收集研究数据的具体位置、环境。正如巴斯安哥与都迪尔(Baszanger et al.,1997)指出的:“当田野调查者将他所观察到的事实与这些事实所发生的特定背景下的特定特征联系起来时,一项研究才能称之为民族志研究。”换言之,如果一项研究只记录了研究对象的行为和言论,而忽略了其研究对象行为和言论发生的背景及其他相关情况,该研究则不是民族志研究。第三个维度则是关注代表性问题。民族志研究的最终成果是为学习者详细描述一个民族的生活方式。对于这些学习者而言,通过这些民族志研究的著作,他们获得与研究对象的第一次接触。而由于学习者很少直接体验所描述的文化,因此可能会对研究结果有一定的误解或误用。当然,在这种情况下会出现很多问题。民族志对其他文化及其人民的描述也提出了类似的问题。对许多人来说,答案是要做到实证主义所要求的“真实”表现与建构主义所要求的描述风格(Descriptive Styles)和政治议程(Political Agendas)之间的平衡,来呈现民族志研究的发现。

(二)民族志研究的历史

早期民族志研究起源于一些发达国家的学者对其他地区某些留存的原始文化所产生的兴趣。基于对一些原始部落调查的基础上,他们发现那些被认为是较为“落后”的民族,实则是人类进化史中的一部分。因此,他们希望通过观察研究这些“落后”部落,可以反观了解自己的文化发展历程(陈向明,2000)。

本小节中,将介绍与民族志历史相关的两个学术流派:芝加哥社会学与英国社会人类学。需要说明的是,由于篇幅有限,将民族志历史的讨论局限于美、英两国,绝非忽视其他国家学者在该领域的贡献。

1. 芝加哥社会学

许多社会学民族志都属于20世纪初在美国形成的芝加哥社会学派。当时,芝加哥社会学的支持者研究社区内社会生活的日常方面,他们尤其对居住在城市地区的少数民族如何应对滥用毒品、赌博等众多社会问题感兴趣。芝加哥社会学及其定性研究议程反映了当时北美社会学更为广泛地关注通过社会工程改善社会。早期北美社会学家将宗教,尤其是新教,与社会科学的语言和方法论结合起来,以创造一个更美好的世界。正如维迪奇和莱曼(Vidich et al.,1985)所言,“他们用科学的语言代替了宗教的修辞”。

芝加哥社会学在以下几个方面对民族志研究的理论和实践产生重大影响。

首先，它有助于将城市环境作为进行民族志研究的典型背景。社会学民族志研究的旗舰期刊《当代民族志》最初是以“城市生活”命名的。其次，早期芝加哥社会学的相关研究在建立定性研究方面起到了一定的助力作用，尤其是对民族志，因为相较其他学科，民族志研究更具描述性。最后，芝加哥社会学为民族志研究就弱势群体的道德关注方面设定了实际议程。

2. 英国社会人类学

英国社会人类学的发展对所有社会科学，特别是社会学，产生了深远的影响。在英国，最早的民族志研究采用的是旅行日志的形式(Tedlock，2000)。通过这种方式，出国旅行的人可以向研究人员详细描述他们在旅行中所遇到的异国人士、风土人情等。在这种观察社会世界的模式中，研究者用一种理所当然的、以种族为中心的观念(用自己的文化标准来评判他人)，对自己熟悉的西方文化和陌生的非西方国家文化进行区分。这种思想在早期的民族志研究著作中有所体现，如 *Questions on the Manners*, *Customs*, *Religion*, *Superstitions*, *etc. of Uncivilized and Semi-Civilized People* 等(Tedlock，2000)。

为了准确性，鼓励研究人员和旅行者从当地人的或者“未文明化”的研究对象的角度看问题。这种方法大致可以理解为“共情法”(Empathetic Method)，该方法主张获得当地居民的信任以获取信息。但在同当地人相处的过程中也存在一个问题，那就是研究人员可能会与其他文化的成员走得太近，即本土化(Going Native)，而有失客观性。因为在该研究领域的主流观点是，为了让民族志研究人员保持客观性并能够准确地报告他们的观察，他们应该在情感上与他们的研究对象保持一定距离。因此，虽然他们希望通过共情和参与研究对象的生活来获得信任，但与此同时，他们也不能完全像当地人一样，让自己完全融入到研究对象的生活中去。在民族志研究中，将“本土化”视为问题之一，还有一种颇具政治色彩的解释。过度认同研究对象的民族志研究人员，可能会对西方文化及其殖民力量的优越性提出质疑。因此，“本土化”被视为一种“退化”(Tedlock，2000)。那么，这就不仅仅是一个方法论问题了；相反，它不仅会破坏观察者与被观察者之间的政治地位，也会颠覆“文明的自我”和“野蛮的他人”之间的这种牢不可破的关系。英国民族志传统研究中的诸多核心假设在著名人类学家布罗尼斯拉夫·马林诺夫斯基(Bronislaw Malinowski)的著作中有所体现。他的研究尤为体现了对数据收集的社会背景的敏感性，以及从当地人的角度看问题的必要性(Macdonald，2001)。遗憾的是，与同时期的大多数民族志研究者一样，马林诺夫斯基的研究贡献也被西方文化的优越性和其他文化的劣等性的这种假设有所损害。为了纠正这种民族志作品中隐含的文化偏见，一些批评家呼吁重新思考民族志研究者和他的研究对象之间的关系。他们建议作为具有特定文化背景的研究人员，他们的角色应该更明显地体现在民族志研究中。

无论是北美、英国学派还是其他学派，都持续对当今的民族志研究有一定的影响。尽管这些受到了一定的批判、批评，但它们仍然是当代民族志研究者的灵感来源。自马林诺夫斯基和芝加哥社会学派研究以来，民族志研究的实践活动几乎没有变化。为了解决某些问题，民族志研究仍然涉及实地观察、参与研究对象的活动以及报告相关发现。下一节我们将围绕这些问题展开讨论。

（三）民族志田野调查的基本问题

在了解民族志研究的历史渊源后，本节将介绍一些民族志研究适于解决的问题或主题。格里斯（Grills）认为，民族志田野调查适于解决与观点（Perspective）、关系（Relationship）、社会行为（Social Action）和身份（Identity）有关的问题，其中最重要的主题之一是观点/视角（Perspective），即人们如何看待他们的世界（Grills，1998a）。民族志学者研究人们如何在他们的原生环境中理解他们的世界。例如，在对美国底层黑人男性的民族志研究中，安德森（Anderson）详细描述了这个少数群体对警察以及他们应对潜在骚扰的策略的恐惧。他从研究对象的角度描述了拥有身份证的意义：

> The common identification card associates its holder with a firm, a corporation, a school, a union, or some other institution of substance and influence. Such a card, particularly from a prominent establishment, puts the police and others on notice that the youth is 'somebody,' thus creating an important distinction between a black man who can claim a connection with the wider society and one who is summarily judged as 'deviant.' Although blacks who are established in the middle class might take such cards for granted, many lower-class blacks, who continue to find it necessary to campaign for civil rights denied them because of skin color, believe that carrying an identification card brings them better treatment than is meted out to their less fortunate brothers and sisters. (Anderson, 1997)

民族志田野调查的第二个问题是关于关系以及它们是如何建立、维持或结束的(Grills,1998a)。作为社会人,我们是各种关系的总和。如果我们所处的各种社会地位与他人无关,我们会是谁?我们是儿子、女儿、父亲、母亲、学生、老师等,所有这些都涉及到与他人的关系。但无论何时何地,这些关系都不会凭空出现在我们的生活中。随着时间的推移活在某些条件下,这些关系会出现,会变得紧密甚至有时会被破坏。而正是民族志的方法允许研究者在特定的环境中观察人类关系的复杂性,并赋予它们意义。民族志田野调查对人类关系的研究提供了更有意义和更有语境敏感性的理解(Marvasti,2004)。

民族志研究中的另一个有趣的话题是人们如何参与到各种社会活动中(Grills,1998a)。核心问题就是人们如何参与一组活动而不参与其他活动,这些活动是如何完成的,以及这些活动对参与者有什么意义。要解开这些问题,我们必须直接观察人们的行为,正如 Grills 所言:

Quite simply, there is no adequate substitute for the direct engagement of activities and acts of the other if we wish to understand the practical accomplishment of everyday life. We cannot manufacture social worlds out of bits of text, regression equations [statistical techniques], or responses to questions that divorce the account of action from the action itself. Of course it is easier to do this, and it is less troublesome for the researcher. The result, however, is a sociology in which the people are hard to find.

最后一个与民族志研究相关的有趣话题是身份是如何形成的、如何维持的,以及人们相互之间是如何认同、分享身份的。要回答这一系列问题,社会背景与时间就起到尤为重要的作用。例如,如果你问自己“我是谁?”,而依据你当时身处何方、与谁共处,以及被问到这个问题时你对自己的看法如何,这个问题会有不同种类的回答。从这个角度来看,一个人的身份取决于时间和地点。因此,我们的身份是什么以及我们如何向他人展示自己的身份,均因情况而异(Goffman,1959)。时间在我们如何看待自己以及他人如何看待我们时起着同样重要的作用。例如,你如何看待小时候和现在的自我形象是大不相同的,随着年龄的增长,你对自己的看法很可能也会有所不同。1993 年,戈夫曼(Goffman)的研究证明了时间对身份认同的影响研究。在这项研究中,他观察了精神病人在“住院前”、“住院中”到“出院后”的不同阶段,其身份是如何变化的。每个阶段都会引发精神病人与他的亲人、朋友之间关系的某些转变。例如,在从“住院前”到“住院中”的过渡过程中,精神病人会经历一个“背叛漏斗期”(Betrayal Funnel),在此过程中,他们逐渐失去了对亲戚和朋友的信任,因为对方与精神科医生和其他机构的代理人合作安排他们住院或接受其他治疗。

在出院的后期，精神病人面临着需要处理或隐藏精神疾病患病史的巨大挑战。在这个研究中，借助民族志研究方法，研究人员可以关注精神病人的身份如何随着时间的推移而发生变化。

总体上，民族志研究的中心主题之一是人类行为的动态本质，即人类行为会随时间、情况的变化而变化。因此，民族志研究特别适合对研究对象日常生活中的变化进行观察。下一节中，我们将着重探讨民族志研究是如何进行的，即民族志的研究步骤。

（四）民族志研究的步骤

关于如何开始或从哪里着手展开一项民族志研究，本小节将借鉴 1983 年哈默斯利（Hammersley）和阿特金森（Atkinson）的著作 *Ethnography：Principles in Practice* 中民族志研究的具体步骤展开介绍，包括以下几个方面。

1. 确定研究问题

进行民族志研究的第一个步骤是确定研究问题。一个“好”的研究问题非常重要，因为它有助于指导研究项目的展开，告诉研究者哪些是研究重点、哪些可以忽略。但需要注意的是，确定研究问题后，可能会遇到两个难题：第一，在民族志研究的过程中，研究问题通常会发生变化。因此，研究者可以从一个问题开始，在研究过程中调整或完全改变此研究问题。第二，研究问题有时是在田野调查过程中形成的。例如，玛瓦斯蒂（Marvasti）研究无家可归这一问题时，他的研究始于对这个话题的好奇心，而非某一理论或研究问题。起初，玛瓦斯蒂的好奇心是被一些在他学校公寓附近闲逛的衣衫褴褛的男男女女所引发的。然后，他想要了解这些人的故事，慢慢地，他的关注点由这些街头人群转向了流浪者收容所，进而开始了相关的民族志研究。

2. 选择研究地点

确定好研究问题后，下一步是选择研究地点进行实地调查。例如，如果你研究的兴趣点是郊区居民的购物模式，那么，百货公司或购物中心就是一个很明确的研究地点，但切记，即使很容易确定这个研究地点，也不代表之后的研究不会存在问题。比如，有人会提出反驳意见，认为家才是这个研究问题更好的研究地点，因为关于购买的需求和相关讨论都是在家里开始的。在去购物中心之前，夫妻可能会先合计他们的财务预算，商量好为家里购置哪些物品、要花多少钱等。所以问题就变成了：关于研究问题的相关信息研究地点能告诉我们多少呢？在我们举的这个例子中，与购物本身相比，购物中心可能是一个更适合研究广告效果的地方。

与选择研究地点相关的一点是物理边界。民族志研究者经常发现，他们对研究问题的兴趣可能超越了他们研究地点的物理边界。以玛瓦斯蒂(Marvasti, 2004)为例，他想了解的关于无家可归者的很多事情都发生在街上、公园里和市中心的娱乐区等场所，而不是发生在收容所。正如哈默斯列与阿特金森(Hammersley et al.,1983)所言："环境不是自然发生的现象，它们是通过文化定义和策略来构成和维持的。它们的边界不是固定的，而是在重新定义和谈判的过程中、在不同的情况下、在某种程度上会发生变化。"

与选择研究地点相关的另一点是务实方面的考量(Hammersley et al., 1983)。研究者必须考虑进入一个特定的环境有多难，需要付出的情感和经济成本可能是什么。因此，在为研究问题选择研究地点时，要考虑到实际层面什么是可行的、什么是不可行的。

3. 决定观察对象、时间和场所

研究地点选定以后，下一个重要的任务就是决定在什么情况下、什么时候观察什么人(Hammersley et al.,1983)。关于被观察的人，研究者需要注意的是，研究环境是由具有不同背景和执行不同任务的参与者组成的。研究者所观察的人可以根据他们的性别、种族、社会阶层、特定的社会地位或在被观察的研究环境中所扮演的职业角色来划分。仍以玛瓦斯蒂对流浪者收容所的研究为例，在观察中有三个观点引起了他的兴趣：工作人员、客户以及志愿者的观点，这三个观点分别对应于三个不同的立场。虽然这三组人都属于同一收容所的一部分，但他们的兴趣与他们对造成无家可归的原因及无家可归的意义的解释却大有不同。例如，工作人员倾向于认为这些"流浪者客户"是"智力缺陷者"，缺乏基本的社交技能。相比之下，"流浪者客户"认为员工缺乏宽容且对待他们也很不友好。关键是研究者要知道在一个民族志研究场所会发生很多故事，因此应该努力在研究中加入相当数量的故事。

从时间上看，民族志研究场所多样化。回到上文中那个购物中心的例子，研究者在购物中心周六晚上遇到的购物者与周一早上的购物者是非常不同的，他们所从事的活动也是多种多样。例如，周六晚上往往是青少年社交的时间，而周一早上可能是更为认真的购物时间，或者是老年人将商场用作散步场所进行体育锻炼的时间。有趣的是，物理环境本身的定义会随着时间的推移而改变。研究场所的多样性还体现在场所本身的情况。打个比方，与一个房子可以分为卧室、客厅、浴室一样，一个民族志研究场所同样也可以被区分开来。

4. 获得访问权限

到目前为止，我们已经了解到民族志研究可以在很多场所中进行。有些场所可能是对公众开放的，比如购物中心；有些场所则对可以进入的群体有更多的限制。然而即使在开放的公共场所，研究者的存在以及相关的研究活动也可能被视为怪异或有问题。例如，研究者在商场里做笔记，在他人眼里可能会感到很奇怪，尤其是当研究者过度关注人们的言行时，但研究者也无需对此绝望。在定性研究中，任何与研究者的研究工作有关的信息都可以被用作数据。在这种情况下，谈判访问权限本身以及研究者如何身处于研究场所中都被视为丰富的数据来源，因此，谈判访问权和数据收集不是研究过程的不同阶段，很大程度上它们是重叠的(Hammersley et al. ,1983)。

5. 建立融洽关系

在日常生活中，功能性关系以这样或那样的形式建立在信任、尊重和相互承担义务的基础上，也就是通常所说的融洽关系基础之上。例如，在学校里，基于不同的身份，学生和老师在不同的界限内和期望中履行各自的职责与任务。在工作中，职员遵循具体的规则展开自己的工作，比如应该如何与同事、上级互动。民族志研究者在具体研究场所进行民族志研究时也不例外。可能有人认为，研究者可以直接走到受访者面前问他们问题；然而，如果双方没有某种融洽感，研究者很可能会被忽视，或者被贴上“社会白痴”的标签。下面就“如何与受访者建立融洽关系”这一问题进行简要论述。

解决这一问题的方法之一就是：把对受访者的文化和生活方式的兴趣作为建立融洽关系的基础。在大多数情况下，当来自另一种文化的人表示有兴趣了解受访者的生活方式时，他们会感到受宠若惊。该方法是沙菲尔(Shaffir, 1998)在研究哈西德派犹太人时采用的方法。研究者可以直截了当地告诉受访者，是为了了解他们才进行访谈的，这可能是帮助对方克服产生焦虑的有效方法。但是，在某些文化背景下，受访者对陌生人有很强的戒心的情况下，这种方法就不太有效果。

解决这一问题的方法之二是：完全承担专业研究人员的角色。此种方法的优点是将研究者的兴趣放在一个职业角色的背景下。许多受访者会对民族志研究者出现在他们中间而产生担忧，比如，他们会提出像“你为什么在这里?”或者“你难道没有一份真正的工作吗?”等类似问题,“专业”可以为他们提供合理的回答,如“我是一名研究人员,这是我真正的工作”或者“我是一名学生,我来采访是为了完成班级项目”等。

此外,还有一些常识性的方法有助于与受访者建立融洽的关系。首先,研究者需要注意自己的穿着。研究者的着装风格要与受访者群体的风格相适合。如果研究者身着名牌服装,就很难让一群无家可归的人相信你尊重他们。相反,如果研究者的受访者是商务办公人员,那么,身着休闲服的你肯定会冒犯到你的受访者。或许走中间路线,采取半正式的风格,可能会避免穿着过于讲究或太随意而导致的不融洽感。值得注意的是,人们对研究者穿着的反应本身就是有价值的数据。其次,研究者需要注意使用的语言类型。使用复杂高深的词汇和长句可能会给一些受访者留下深刻印象,但也可能会让他们感到不安,可能会无意中给人留下你很聪明的印象,以至于受访者不可能提供将任何有价值的东西用以补充研究者的知识;或者他们可能觉得研究者更感兴趣的是给他们留下深刻印象,而不是倾听他们。在大多数情况下,沉默是最好的数据收集工具。一旦有人愿意讲述,尽量不要打断他们。如果研究者需要问一些探索性的问题,那么越简短越好。

自我表露/介绍(Self-disclosure)也是加强融洽关系的一种方法。这种方法的好处是,它有助于将研究问题变为焦点,或者它有助于受访者更好地理解研究者的研究目标。向别人介绍自己是开始友谊和获得信任的一种很自然的方式,但不要过度,因为过多地谈论自己,会导致自己变为研究重点。

6. 选择实地/领域/外勤角色(Field Roles)

在研究场所中一个人可以担任多种角色。例如,如果你在做一项关于购物中心的研究,你可能会扮演一个购物者的角色,融入到其他购物者中,倾听他们的抱怨,并与他们分享一些你自己的抱怨;或者扮演一个百货公司的店员,你可以利用这个机会收集数据。在民族志研究过程中,你所承担或被分配的职务/角色被称为实地角色。通常,最熟悉和谈论的实地角色是陌生人(Schutz,1971)。这类角色是指,一个人以一个没有先验知识的局外人的身份接近另一种文化。当然,在现实中,很少有人会遇到一种完全陌生的文化。即使是最“异域”的文化也会包含熟悉的社会结构,如亲属结构等。陌生人的角色是一种“理想类型”(Weber,1946),或者是一种抽象的概念,而不是一种实际的存在状态。

在实际研究中，一个民族志研究者可能被分配到或担任许多角色。换言之，在实际研究中，有的角色是研究人员自愿承担的，有的是强加给研究人员的。选择何种角色以便适应某种研究场所，取决于研究者的理论选择、研究者遇到的实际情况以及个人因素（如外表和举止）等（Adler et al. ,1987）。

7. 对待提供信息者的方式

提供信息者是民族志研究者在当前研究领域的内部人士，他们对当前研究领域方面的专业知识和获取信息的途径，是新手观察者或研究者无法轻易获得的。通常研究者看待提供信息者的方式，与我们在陌生环境中结交朋友的体验并无本质上的差别。例如，你是大一新生，学姐在你刚入校的前几周可能充当提供信息者的角色，把你介绍给别人，带你四处参观。提供信息者可以在四个方面为研究者提供帮助：

(1) 回答那些一般人会觉得愚蠢的问题。

(2) 把研究者介绍给其他对当前研究领域有一定了解的人。

(3) 为研究者提供认识部分研究场景的途径，并提高研究者对部分研究场景的认知。

(4) 帮助研究者理解所观察到的东西。相对于单纯将提供信息者看作信息来源的剥削性观念，将他们看作研究的同路人、合作伙伴，是一种更为平等互利的方式。

民族志研究者在田野调查时，也会遇到一些伦理道德问题。为了收集“好”的数据，民族志研究者会与受访者建立关系并获得信任。考虑到受访者有误解研究者意图的可能或感到被利用的可能，那么研究者应该让受访者了解他们出现在该领域的主要目的是研究。这个过程被称为获得知情同意（包括口头和书面的详细步骤），目的是保护受试者免受因参与研究可能带来的潜在的情感或身体伤害。

8. 记录观测结果

当民族志研究者开始进行田野调查时，一个非常实际的问题是，在数据从记忆中消失之前将其记录下来。在现场，研究者会看到、听到、闻到、触摸和感知到各种信息，那如何捕捉这一切呢？记录数据的方式是：写田野笔记、录音和录像。

一种非常有效且低成本的捕捉研究者在实地观察的信息的方法是将它们记录下来。当研究者在田野时，可以随身带一个袖珍笔记本和一支笔，一有机会就记录所观察到的事情。当用这种方式记笔记时，研究者需要注意两点：其一，尽快记下关键词、概念或任何有助于激发你对事件记忆的信息，之后在家里或办公室里再补充细节；其二，不要把时间都花在记笔记上，以免惹恼周围的人或忽略对其他事情的观察。

另一种记录观察或采访的方法是录音、录像。录音机、录像机可以非常有效地捕捉到对话中的细微差别，这些是最敏锐的观察者也无法捕捉到的。但是，这种技术也不是没有问题。首先，录音文件、录像文件不应被视为笔记的替代品。因为录音文件、录像文件没有看到或注意到社会背景，民族志研究者要在笔记中提供这一点。录制访谈的另一个常见问题是，录音机、录像机的存在会让受访者感到难为情。当受访者意识到自己的话语可以被保存在一种可以反复播放的媒介上时，他们就会非常理性地去想这些材料将如何被使用、在什么背景下、受众是哪些。所以笔记在民族志研究中占有非常重要的地位，报告观察结果的同时，并提供一个解释框架，将它们与其他现实联系起来。

9. 进行民族志访谈

在大多数情况下，民族志研究者对受访者进行面对面的询问，可以被描述为非结构化访谈（Unstructured Interview）。研究者提出广泛的问题，受访者被给予相当大的回答自由度。然而，民族志是一种基于实地调查获取数据的研究方法，这种对环境条件的敏感性使得民族志访谈不能只通过松散的提问方式来进行。在访谈时，研究者即访问者必须是一个积极的倾听者，必须认真倾听受访者的话，以评估它与研究重点的关系，以及它是如何反映访谈情况的（Hammersley et al.，1983）。做一个"积极"的倾听者，就要求研究者有能力随着访谈或研究的进行，不断提出问题。这意味着在访谈时要考虑到社会背景，即需要将访谈时的所见所闻考虑在内。访谈的过程就像和熟人或朋友交谈一样，当研究者认识对方时，研究者就可以轻松地问他们非常具体的问题，也可以问宽泛的或"无结构"的问题。从这个角度来看，民族志访谈是建立在融洽和相互理解的基础之上。

关于如何运用民族志研究方法展开相关研究，学习者可以参考赵洪娟教授的《中古敦煌祈赛习俗观见敦煌与西域之文化关系》《从泼寒胡到跳於菟——祆教习俗文化土族留存考》《民族志方法要义：观察、访谈与调查问卷》《民族学与人类学方法论研究》等著作。

五、扎根理论研究(Grounded Theory Study)

作为一种标准的社会学研究方法,扎根理论研究对不同学科与专业的研究者有深远影响。因为扎根理论不仅为定性研究提供了明确的、连续的指导方针,为调查分析阶段提供了具体策略,而且可以简化和整合数据收集与分析、促进定性数据的概念分析。

(一)扎根理论研究的基本概念

扎根理论研究是一种旨在理论构建的归纳、迭代、互动和比较的方法(Charmaz, 2006)。扎根理论研究一词有双重指称,即由灵活的方法策略组成的方法,以及采用这种研究方法得到的研究的结果(Lewis-Beck et al.,2004)。扎根理论这一术语是由社会学家巴尼·格拉泽(Barney Glaser)与安瑟伦·施特劳斯(Anselm Strauss)于1967年提出的,他们试图为分析定性数据提供一套系统的程序与策略。由于巴尼·格拉泽与安瑟伦·施特劳斯观念上的分歧,扎根理论随后产生了两种不同的版本,一种是格拉泽所谓的经典扎根理论,一种是施特劳斯的版本[该版本后由安瑟伦·施特劳斯与朱丽叶·柯尔言(Juliet Corbin)合作发展]。第三个版本是建构主义扎根理论(Constructivist Grounded Theory)。建构主义扎根理论由凯西·卡麦兹(Charmaz,2000)提出,之后由安东尼·布莱恩特(Bryant,2002)发展,强调方法的灵活性,承认研究者、研究过程以及研究对象的立场与观点等。尽管不同版本存在差异,但扎根理论研究者的目标是对个人和集体的行动以及社会和社会心理过程进行研究,比如经历身份转变、改变组织目标和建立公共政策等(Thornberg et al.,2012)。扎根理论研究者强调人们在做什么以及他们行为的意义,比如他们的意图、他们陈述的解释以及他们隐含的、被视为理所当然的假设(Charmaz,2003)。然而,尽管扎根理论最常关注的是行为和过程,但研究者仍然可以使用扎根理论策略来研究其他现象,比如生成学校规则的类别系统(Thornberg,2008)。

(二)扎根理论研究的阶段

扎根理论研究通常涉及数据收集、编码、写备忘录、理论抽样以及文献运用这几个阶段。

扎根理论研究通常使用最适合研究问题的数据收集方法,并使数据的持续分析成为可能。因此,扎根理论研究可以采用许多数据收集方法。一个研究问题可能由一种方法或多种方法的组合来收集数据。比如，作为研究者，如果你想研究“走神”这一行为是如何以及为什么在课堂上发生，你可能会单独进行课堂观察，或者与观察到的学生和老师进行非正式对话。在研究过程中，你对数据的分析或问题的思考，可能会导致你改变之后数据的收集方法或增添其他方法。只要你在进行研究，你就必须考虑如何、在哪里以及何时收集所需要的数据来解决最初的问题和在研究过程中出现的问题。定性研究的数据收集与数据分析是同步进行的，扎根理论研究亦是如此，以提出新的问题和想法并对其进行检查。

在扎根理论研究中，当第一个数据收集来时，编码就开始了。通过编码，扎根理论研究者仔细检查所收集的数据并与之互动。根据建构主义扎根理论，编码至少包括两个阶段：初始编码和焦点编码(Charmaz,2008)。扎根理论的研究并非一个线性过程，编码过程中，研究者在两个不同阶段之间来回移动。在初始编码(Initial Coding)阶段，研究者通过对不同的数据比较，逐渐开始解释和分析。在这一阶段，研究者通常会基于以下问题进行编码：数据中实际发生了什么，这些数据研究的是什么以及这一事件、陈述或一段数据暗示什么类别(Glaser,1978)。要注意的是，学习者不要机械地应用这些问题，而应将其作为灵活的观察方式。通过这样的问题，有助于研究者搜索和确定数据中发生了什么，并对数据进行批判性的分析。然后通过逐字、逐行、逐段或逐事件地阅读和分析数据来进行初始编码。焦点编码(Focused Coding)比初始编码更有方向性、选择性和概念性。在焦点编码阶段，扎根理论研究者在初始编码中选择焦点代码或基于初始编码之间的比较建立焦点编码，同时基于逐渐建立的更详细的代码，研究者也开始对更多的数据进行编码。这一阶段中，研究者要保持对数据的敏感性，随时修改编码，探索并决定哪些代码最能捕捉他们在数据中看到的情况，然后根据这些代码再概括抽象出他们将要构建的扎根理论的暂定概念类别，并给出这些类别的概念定义且考量他们之间的关系。例如，2013 年桑博格(Thornberg)等学者在对受同伴欺凌的学生进行研究时，通过不断比较访谈数据对初始代码如“因过于社交而被惩罚”“与众不同”等，构建了“同伴对自我的偏差定义和分解”的焦点代码。之后桑博格等学者将该焦点代码概念化为“污名循环”这一类别，并给出这一类别的定义。

扎根理论研究者从研究初始就进行备忘录的书写，可以说是与数据的收集和分析同步进行的。早期的备忘录通常较短，概念化程度也较低，仅记录一些分析性的问题和想法。当扎根理论研究者在收集、编码或分析数据时，他们可能会提出关于代码或代码之间关系的想法，或者提出他们可能在进一步调查中想要解决的问题，为了记住这些想法和问题，研究者把它们写下来。由此可见，备忘录就是由这样的分析性或概念性笔记组成。换言之，备忘录是一种叙述性记录，记录了扎根理论研究者与自己研究数据的分析性对话。例如，伦珀特(Lempert，2007)在研究南非家庭暴力时，根据一段采访数据写备忘录时，她想到了“庇护所陷阱”(Shelter Trap)的概念并立即对这一概念下定义。通过写备忘录，研究者详细阐述在编码时的过程、假设等，这有助于研究者获得从描述转向概念化的分析过程，并建立和维护“一个分析观点的仓库”，在这个仓库里可以对观点、想法进行分类、排序等(Strauss et al.，1998)。随着研究的进行，备忘录会变得更加详尽和概念化。尽管不同研究者的备忘录各不相同，但研究者在备忘录中可以涉及以下一个或几个方面：根据分析性质定义每个代码或类别；阐明并详细说明代码或类别所包含的过程；在数据与数据、数据与代码、代码与代码、代码与类别、类别与类别之间进行比较；将原始数据放入备忘录中；为类别的定义和相关的分析提供足够的经验证据；提供猜想以便在田野中进行检查；识别分析中的差距等(Charmaz，2006)。比如在焦点编码阶段，研究者在他们的备忘录中会记录将重点编码进一步概括为暂定概念类别的过程。这一步骤反过来推动研究者更深入地探索和分析这些代码。此外，扎根理论研究者会根据每个类别的标题对备忘录进行比较、排序、分类，寻找类别之间的关系，探索模式和意义，以建立一个扎根理论。

理论抽样(Theoretical Sampling)是为产生理论而收集数据的过程，研究者在此过程中共同收集、编码和分析数据，并决定下一步收集什么数据以及在哪里收集(Glaser et al，1967)。理论抽样是一个高度互动的过程，在这个过程中，数据编码促使研究者进一步书写备忘录，备忘录的书写反过来又促使研究者思考，带着问题、思路等回到实证领域中。理论抽样的基本问题是研究者在收集数据过程中下一步应该在哪里或向谁收集数据，以及理论目的。要切记理论抽样的目的是概念发展，以产生一个扎根理论(Glaser et al.，1967)。理论抽样时要注意一个理论饱和的问题。所谓理论饱和(Theoretical Saturation)是指扎根理论的传统中，当数据中的类别达到饱和时，研究者就可以停止收集数据了。理论饱和通常出现在当收集的新数据不再激发新的理论见解，也不再揭示核心理论类别的新属性时(Charmaz，2006)。

对于文献运用，扎根理论研究者通常会在研究过程的早期回顾与研究主题相关的文献。通过这种方式，他们可以根据现有的研究、当前的问题和关注点等来证明他们提议的正确性，对相关研究领域有一定的理解。但格拉泽(Glaser,1978)对此持相反观点，他认为在开始研究前的文献阅读或运用会有碍研究者的理论敏感性(Theoretical Sensitivity)，即通过数据收集和分析，研究者能够发现数据所体现的类别之间的关系，从而构建一个适用于当前研究领域的扎根理论。因此，格拉泽建议研究者可以推迟阅读理论文献和与他们研究领域相关的文献，直到他们的分析接近完成。与格拉泽的观点相反，科尔宾(Corbin)与施特劳斯(Strauss)认为熟悉相关文献可以提高对数据中细微差别的敏感性，为数据比较提供概念来源，文献可以更积极地用于扎根理论研究中，只要研究者在文献运用时不受前人研究的影响将数据强加到预先设想的概念中、不产生先入为主的概念等。因此，扎根理论研究者对文献运用，包括已有的研究理论、研究结果应采取批判的态度。

由于编码是扎根理论研究中的一个重要环节，本小节将借鉴陈向明教授的著作《质的研究方法与社会科学研究》中关于对资料进行逐级编码的具体步骤展开介绍，包括以下三个方面：

1. 一级编码

在一级编码(又称开放式登录)阶段，研究者要以一种开放的心态，尽量“悬置”个人的“倾见”和研究界的“定见”，将所有的资料按其本身所呈现的状态进行登录。这是一个将资料打散、赋予概念，并以新的方式重新组合起来的操作化过程(陈向明,2000)。

扎根理论研究者要在以下六条基本原则基础上对资料进行开放式登录：

(1) 对资料进行非常仔细的登录，不要漏掉任何重要的信息；登录越细致越好，直到达到饱和；如果发现了新的码号，可以在下一轮进一步收集原始资料。

(2) 注意寻找当事人使用的词语，特别是那些能够作为码号的原话。

(3) 给每一个码号以初步的命名，命名可以使用当事人的原话，也可以是研究者自己的语言，不要担心这个命名现在是否合适。

(4) 在对资料进行逐行分析时，就有关的词语、短语、句子、行动、意义和事件等询问具体的问题，如：这些资料与研究有什么关系？这个事件可以产生什么类属？这些资料具体提供了什么情况？为什么会发生这些事情？

(5) 迅速地对一些资料中有关的概念进行分析，这些概念应该可以唤起进行比较的案例；如果没有产生可以比较的案例，研究者应该马上寻找。

(6) 注意研究者自己列出来的登录范式中的有关条目(陈向明,2000)。

在此阶段，扎根理论研究者对资料进行开放式登录时要对资料中出现的理论性问题进行思考，可以通过写分析型备忘录深化建构起来的初步理论并逐步探索如何进行下一步深化。

2. 二级编码

在二级编码或关联式登录阶段，扎根理论研究者旨在发现和建立概念类属之间的各种联系，以表现资料中各个部分之间的有机关联。这些联系可以是因果关系、时间先后关系、语义关系、情境关系、相似关系、差异关系、对等关系、类型关系、结构关系、功能关系、过程关系、策略关系等(陈向明，2000)。在登录过程中，研究者每次只深度分析一个类属并围绕该类属寻找相关关系。建立每组概念类属之间的关系后，研究者要对其中的主要类属、次要类属进行区分，并将两种类属之间的关系连结起来；然后，根据建立起来的从属类型，研究者可以对原始资料进行重新组合(陈向明，2000)。

3. 三级编码

三级编码(又称核心式登录或选择式登录)指的是，在所有已发现的概念类属中经过系统分析以后选择一个“核心类属”，将分析集中到那些与该核心类属有关的码号上面。与其他类属相比，核心类属应该具有统领性，能够将大部分研究结果囊括在一个比较宽泛的理论范围之内(陈向明，2000)。核心式登录的具体步骤是：

(1) 明确资料的故事线；

(2) 对主类次类属及其属性和维度进行描述；

(3) 检验已经建立的初步假设，填充需要补充或发展的概念类属；

(4) 挑选出核心概念类属；

(5) 在核心类属与其他类属之间建立起系统的联系。

陈向明教授的研究展示了扎根理论研究中的一级、二级、三级编码如何进行，如表 2-1 所列。表 2-1 第一列中的原始资料是访问者向受试者提问(“你到北大来学习，家里人是如何想的?”)后得到的回答。通过对资料进行整体性分析与概念化后，形成了编码(表 2-1 第二列)；在此基础上，形成了四个类属及其属性和维度(表 2-1 第三列)；最后，在选择编码阶段，结合原始资料进一步对二级编码进行思考分析，形成三级编码(表 2-1 第四列)。

表 2-1　三级编码示例(陈向明,2015)

<table>
<tr><th>原始资料</th><th>一级:开放编码</th><th colspan="3">二级:轴心编码</th><th>三级:选择编码</th></tr>
<tr><td rowspan="16">我爱人是从事商业服务行业的,当会计,天天很忙。我在家时,孩子上幼儿园,由我接送;我不在家时,接送孩子就由她负责。她父母身体不太好,有时还得照顾老人。我祖母半身不遂,所以,我父母还得照顾老太太,帮不了我们家的忙。这样,负担全靠她支撑了。我出来学习时,她也哭过。不让我出来,她觉得她对不起我。可出来学习了,我又觉得对不起她。她还怕我学坏了,变心甩了她。我哪能呀!糟糠之妻不能忘,就凭她支持我出来这一点,以后就得好好经营这个家。我不爱说大话,为社会也好,为国家也好,那都是客观的;主观上还是想经营好这个家。没有家,哪有国呀!想想她也为我付出这么多,这辈子也得好好爱她。俗话说:“海枯石烂,永不变心。”</td><td rowspan="16">家庭负担重;
爱人工作忙;
小孩小;
老人需要照顾;
家庭责任分担变化;
全部靠妻子承担;
妻子用哭表达歉疚和担心;
丈夫产生歉疚感;
主观与客观统一;
家国同构;
夫妻间伦理关系;
个体行动时空感;
文化传统影响</td><td>类属</td><td>属性</td><td>维度</td><td rowspan="16">核心类属:夫妻间伦理关系
支援类属:(1)妻子做出反应。
(2)丈夫做出反应。
情境条件:家庭负担变化。
因果条件:丈夫外出读研。
初步假设:
(1)当双职工家庭上有老下有小、一方长期离家时,会造成夫妻关系紧张。
(2)保持婚姻稳定的基础有三个:①双方的情感状况;②社会地位的平衡;③家庭责任的分担。当②和③发生变化时,①也会发生变化。
(3)丈夫离家,妻子会比较担忧;而反过来并非如此,而且通常妻子出来的机会比较少。
(4)当丈夫现在无法回报妻子时,通常会使用文化格言作为:口惠,高调许诺未来报答;而妻子通常使用“弱者的武器”(眼泪、身体辛劳)来应对</td></tr>
<tr><td rowspan="4">家庭负担变化</td><td>爱人工作</td><td>忙—不忙</td></tr>
<tr><td>孩子</td><td>小—大</td></tr>
<tr><td>老人</td><td>需要照顾—不需要照顾</td></tr>
<tr><td>责任分担变化</td><td>部分靠她—全部靠她</td></tr>
<tr><td rowspan="3">妻子做出反应</td><td>担心</td><td>高—低</td></tr>
<tr><td>歉疚</td><td>高—低</td></tr>
<tr><td>表达方式</td><td>被动—主动</td></tr>
<tr><td rowspan="3">丈夫做出反应</td><td>歉疚</td><td>低—高</td></tr>
<tr><td>承诺</td><td>高调—低调</td></tr>
<tr><td>表达动机</td><td>主客结合—主客分离,家国同构—家国分离</td></tr>
<tr><td rowspan="5">夫妻间关系伦理</td><td>社会地位</td><td>平衡—不平衡</td></tr>
<tr><td>家庭责任</td><td>分担—不分担</td></tr>
<tr><td>回报时间</td><td>现在—未来</td></tr>
<tr><td>性别差异</td><td>口惠—眼泪</td></tr>
<tr><td>文化传统</td><td>变心—坚守</td></tr>
</table>

六、会话分析研究(Conversation Analysis Study)

就方法论而言,会话分析研究方法的目标在于揭示交际者用来执行与理解社会行为的会话常规。该研究方法不仅可以分析日常互动,同样也适用于机构性会话的分析(Drew et al. ,1992)。会话分析研究越来越关注交际参与者如何在不同的机构背景中管理自己的机构活动。对机构性会话进行研究时,会话分析研究者旨在揭示交际参与者采用何种会话常规将交际互动处理为某一类型的会话,例如商业谈判、新闻访谈等。

(一) 会话分析研究及其起源

会话分析研究是由哈维·萨克斯(Harvey Sacks)、伊曼纽尔·A.谢格洛夫(Emanuel A. Schegloff)和盖尔·杰弗逊(Gail Jefferson)在20世纪60年代创立的一种以社会交际为研究对象的、定性的、经验性的、归纳式的研究方法。该研究方法主要目的是识别、描写、解释交际者用来完成社会行为的、有序且重复出现的方式方法或会话常规(Margutti et al,2018;于国栋,2021)。会话分析既是一门学科,也是一种社会学研究方法。作为学科,它具有完备的知识体系、专用术语以及具体的研究目标;而作为研究方法,它有自己的独特的语料采集及转写方法、以主位视角/交际参与者视角(Emic Perspective)为特征的语料分析方法等(吴亚欣,2022)。会话分析的特征之一是只使用自然发生的真实的交际作为语料来源(吴亚欣 等,2017),通过录音或录像的方式进行语料的收集。会话分析拒绝使用其他定性研究方法的语料、数据收集方法(比如观察、访谈等),因为这些方法无法真实全面呈现所观察的现象,比如无法准确反映互动交际过程中产生的交际细节,有时这些方法会产生人为影响甚至操控被研究者。严格来讲,文学作品、电视剧等也不能作为会话分析研究的语料来源,因为这些方式取得的语料受到创作者自身的影响,可谓之理想化的语料,具有一定的局限性,亦无法真实反映自然会话中的交际现象。会话分析的另一特征是对会话细节的撰写(吴亚欣,2017)。会话分析研究采用盖尔·杰弗逊创立的一套撰写体系对收集来的语料进行细致撰写,要求尽可能再现交际场景中交际者互动时的交际细节。这些交际细节不仅仅是说话内容,还有说话方式,包括语言、非语言等细节,比如呼气、吸气、停顿、语速等。

会话分析起源于社会学,是微观社会学的一个分支,旨在通过对言谈应对(Talk-in-interaction)的细致观察来发现人类言语交际的规律及其背后的社会秩序（于国栋，2021）。会话分析在方法论与学术思想上主要受欧文·高夫曼（Erving Goffman）与哈罗德·加芬克尔（Harold Garfinkel）两位社会学家的影响。欧文·高夫曼提出了交际秩序（Interaction Order）的思想，他认为该交际秩序由一套复杂的交际权利和义务（A Complex set of Interactional Rights and Obligations）组成（Goffman，1983），而交际秩序本身就是机构秩序（Institution Order），言语交际这一社会机构是其他社会机构运作的基础（于国栋，2021）。受高夫曼交际秩序思想的影响，会话分析的提出者萨克斯认为人际交往具有严密的组织结构和秩序性，人们在成长的过程中可以通过经历展现交际秩序的具体交际事件，经历社会化过程，自然习得一套具体文化下的交际常规（Practices）。认同交际的秩序性是会话分析的核心观点之一和方法论前提（吴亚欣等，2022）。哈罗德·加芬克尔对会话分析的直接影响是他提出的民俗方法学（Ethnomethodology）。他认为人们对社会的认识是基于一套“共享的常识推理”（Shared Common-sense Reasoning）来实现的，正是由于实用推理方法，社会成员在交往中能够达成互解（Intersubjectivity）（Garfinkel，1967）。而这些方法是可以观察到的，因此，是可以描述的、解释的。受加芬克尔民俗方法学思想的影响，萨克斯提出会话分析的研究目标是揭示人们用来完成社会生活各种事务所共用的方法，这些方法也就是后期会话分析文献中提到的交际常规。萨克斯认为无论人们在社会生活中执行了什么行为，都是可以通过观察分析他们行为的细节来发现执行该行为所用的方法（吴亚欣 等，2022）。

（二）会话分析的核心概念

会话分析发展到今天已经成为一种成熟且独特的研究方法，它能够揭示其他研究方法不能或不去发现的内容（于国栋 等，2018），其研究的概念为话轮设计、社会行为、序列组织。在了解会话分析研究的三大支柱概念前，学习者有必要弄清楚话轮、话轮构建单位、话轮转换机制等相关基础概念。1974年哈维·萨克斯、伊曼纽尔·A. 谢格洛夫与盖尔·杰弗逊在 *Language* 发表的 *A Simplest Systematics for the Organization of Turn-Taking for Conversation* 一文对以上基本内容有详细介绍。话轮（Turn）是讲话人在某个时间段内所讲的话语，或者讲话人在占有话轮期间所产生的话语。话轮是交际者进行言谈应对的资源和依托，交际者按照轮次接替话轮、构建话轮、开展交际（于国栋，2021）。话轮构建单位（TCU）是交际者用来构建话轮的原材料，英语中的话轮构建单位包括四种类型：句子、小句、短语和词汇（于国栋，2021；Sacks et al.，1974）。话轮转换的顺利进行在很大程度上依赖于话轮构建单位的投射性(Projection)和预判性(Prediction)(于国栋,2021)。话轮构建单位的投射性体现在句法、韵律和语用三个方面(Ford & Thompson,1996)。句法(Syntax)指当前的话轮是否是一个完整句法单位,比如,句子、小句、短语等;韵律(Prosody)指当前的话轮是否有一个完整的调群;语用(Pragmatics)指当前的话轮是否可以被识别为一个独立的行为。当前话轮构建单位只有在句法、韵律和行为三个层面都完整时,该话轮构建单位才到达了话轮转换相关处,才有可能出现话轮接替(于国栋,2021)。

1. 话轮设计(Turn Design)

话轮设计指交际者使用交际资源构建话轮来执行某一特定行为,并被交际对方识别为同一行为的过程和现象(于国栋,2021;Drew,2013)。当交际者获得话轮执行某一社会行为时,话轮设计涉及两方面的选择:其一,交际者要选择该话轮将要执行何种行为;其二,交际者要选择何种语言或非语言资源,通过这些交际细节来完成该行为(Drew,2005)。比如:

(1) [NB:II:2:8] (Drew, 2013)

1 Emm:='n then: °yuh thin:k we:ll d'you wanna be°
2 (0.7)
3 Nan:hhhhhh[hh
4 Emm: [^PA:R:T of ut. w:Wuddiyuh ^DOin.
5 (0.9)
6 Nan:What'm I do[in?,
7 Emm: [Cleani:ng? =
8 Nan:= hh. hh I'm ironing wouldju belie:ve |tha:t.
9 Emm:Oh: bless it[s |hea:rt.]
10 Nan: [In fa:c]t I: ire I start'd ironing
11 en I: d—I: (.)Somehow er another ironing js kind of
12 lea:ve me: co:[ld]
13 Emm: [Ye]ah,
14 (.)
15 Nan:[Yihknow,]
16 Emm:[Wanna c'm] do:wn 'av [a bi:te'a] lu:nch w]ith me? =

案例 1 中 16 行 Emm 发起邀请行为,而没有在 9 行发起这一行为。试比较,9、16 行都处于 Nan 的回答之后,因此,从序列位置上看,在这两行 Emm 都可以发出邀请，但却在 9 行放弃发起邀请的机会。从语料中我们可以看出，其原因可能是 8 行 Nan 的回答展示出她当前处于忙碌状态，如果此时发起邀请，被拒绝的可能性较大；而 10—12 行的回答，Emm 可以判断出 Nan 接受邀请的可能性较大，随即发起该行为。从这个例子中可以看出，交际者在某一话轮或序列位置选择发起哪种行为。

(2) [NB:II:2:8] (Drew, 2013)

16 Emm:[Wanna c'm] do:wn 'av [a bi:te'a] lu:nch w]ith me? =

17 Nan: [°It's j s] ( )°]

18 Emm:=I got s'm beer'n stu:ff,

案例 2 是案例 1 电话谈话的后半部分，Emm 在 16、18 行执行邀请行为。从该邀请行为的话轮设计可以看出，这是一个临时、随意发起的邀请。“Wanna”这种语言形式与“Would you like to...”等句式相比，更显随意性；而“a bi:te'a lu:nch”展示出只是简单一口便饭，并非特意准备午餐，加之“I got s'm beer'n stu:ff”表明午餐的食物类型也非精心准备。

(3) [Kamunsky 3:2] (Drew, 2013)

1 Ala:. hhh Okay well the reason I'm calling=

2 =there[is a reason b'hind my madness.

3 Mry: [°( ).

4 Mry:Uh—huh,

5 Ala:Uh nex'Saturday night's a s'prize party here fer p—

6 Kevin. (0.2) .p! And if you c'n make it.

案例 3 是电话谈话的开始，Ala 在 5、6 行也是执行邀请行为。而以此邀请行为的话轮设计可以看出，这是一个更为正式的邀请，非临时起意，是预先发起的。Ala 在发起邀请的同时还询问对方是否可以接受，给对方以拒绝的余地。以上两个案例展示出，交际者通过不同的话轮设计体现不同特征或性质的邀请。

2. 社会行为(Social Action)

社会行为是人类交往过程中交际双方关注的中心。在我们与他人的言谈应对中，我们所使用的话轮构建单位都可能在执行某种社会行为，而且听话人也是从社会行为的角度在理解我们的话轮构建单位，社会行为是会话中无法回避的内容(吴亚欣，2017)。会话分析对社会行为的研究方法与其他言语行为的研究方法不同。会话分析关注的是社会行为的构建(Action Formation)与识解(Action Ascription)。换言之,基于社会行为所在的序列,会话分析关注的是交际参与者如何理解其他交际参与者的行为,以及做出相应理解的基础或根据是什么。通过对案例 4 的分析可以展示会话分析对社会行为的研究。

(4) [NB:II:2:8] (Drew, 2005)

18 Emm:[Wanna c’m] do:wn ’av [a bi:te’a] lu:nch w]ith me? =

19 Nan: [°It’s j s] ( )°]

20 Emm:=I got s’m beer’n stu:ff,

21 (0.3)

22 Nan:↑Wul yer ril sweet hon: uh:m

23 (.)

24 Emm:[Or d’y] ou’av] sup’n else ( )

25 Nan:[L e t—] I :] hu.

Emm 向 Nan 发起邀请行为后,就要等着 Nan 是否接受她的邀请。24 行 Emm 与 25 行 Nan 同时开启话轮,从 Emm 的话轮设计(即代替 Nan 提出了拒绝的解释)可以看出她预测出 Nan 可能会拒绝邀请。Emm 在 24 行的话轮设计不仅展示出她对 Nan 拒绝的预测是对话轮 22 的理解,而且也是这种理解的基础。22 行 Nan 的话轮从三方面展示出她可能会拒绝 Emm 的邀请。首先,在 0.3 秒沉默后 22 行才推迟出现(这种拖延预示非优先行为可能出现,即这里的拒绝);其次,Nan 没有直接接受邀请,而是对 Emm 表达感谢;第三,以“well+感谢”的形式出现的感谢同样预示拒绝的可能出现。

3. 序列组织(Sequence Organization)

广义的序列组织囊括了存在于话语/行为间的所有类型的相对位置,如话轮转换、会话的宏观结构等。狭义的序列组织关注的是交际者执行行为过程中在言语交际层面展现出来的一般性模式和规律(于国栋,2021)。序列组织是我们分析研究言谈应对运作过程和运作规律的关键所在。序列组织研究可以从两个维度展开:行为维度(Action Dimension)和理解维度(Understanding Dimension)。行为维度解释交际者如何以话轮构建单位执行的行为铺陈展开,如何展现交际者的主体性(Agency)和社会影响(Social Influence);理解维度解释行为执行者在话轮构建单位内执行的行为如何被交际对方理解,以及相关理解如何成为交际双方的共识(于国栋,2021)。由于篇幅有限,会话分析核心概念的介绍至此为止,于国栋教授(2022)的《什么是会话分析》一书中对会话分析的学科介绍、基本内容、机构性交流研究等相关内容有详细介绍，学习者可以阅读参考。

（三）会话分析研究步骤

会话分析研究对语料的观察是一种不带有任何先设动机的观察（Unmotivated Observation），它是建立在对大量语料仔细观察基础之上的归纳，而不是受某理论假设驱动的演绎（吴亚欣 等，2017）。会话分析研究没有先入为主的研究对象，而正是在这种无动机观察语料的过程中，研究者发现的某个反复出现的现象或者某个有趣的、吸引研究者的现象都可能成为之后的研究对象。会话分析对某一现象的研究有如下几个步骤。首先，研究者在大量语料观察中发现在同样序列位置出现同一语言现象，比如，电话开头交际者会向对方提出一些问题（如当下所处位置、所做事宜、是否做了某事等），进而对这一现象所完成的交际功能进行识别，对现象进行正式的描述（Formal Description）。要注意，在研究过程的初期，在现象的本质显露之前，研究者要避免对现象贴标签，这样做会影响甚至误导研究者对现象的解释。研究者下一步要对更多的语料进行分析，将与该现象相类似的语料都收入在研究范围内。在这一过程中，研究者不断丰富对现象的认识，在语料中寻找这些问题出现后交际对方的回应（包括回应的方式、类型、执行的行为等）以及后续会话的发展，以发现相关规律。其次，研究者要对一些“变体”语料（所谓“变体”语料是指那些与典型语料在某些细节上有所差异的语料）进行分析，确定是否属于当前研究的范围，如果符合当前的研究对象，再分析导致变化出现的原因，发现“变体”背后的本质。比如，交际对方在回答前者提问后，可能会向对方询问前一话轮提问的原因或者询问前者是否有事，这一现象的出现虽然与大部分语料一问一答的发展不同，但同时也展示出交际对方并未将前者的提问理解为单纯的信息询问，而是可能与即将出现而并未出现的后续会话相关。此时，对研究对象的描述就要再细化，再结合之前发现的规律，来对比与之前的规律是否有偏差。在语料分析时，可能会到遇到反例，通过反例分析证明前面研究发现的规律。最后，研究者要对发现的规律进行理论层面的解释。关于会话分析研究的步骤可以参考吴亚欣教授（2021）的《身份研究的会话分析路径》一文，文中详细介绍了会话分析研究方法的研究步骤，特别是如何运用会话分析研究方法进行身份研究的步骤。

第二节 定性研究数据收集方法

在对定性研究方法有了基本了解之后，本节着重介绍定性研究常用的一些数据收集方法。在进行定性研究的数据收集时，并不存在一种最佳的数据收集方法。数据收集方法的选择由研究者的指导研究的理论、研究的问题等因素决定。

一、观察(Observation)

观察在民族志研究、行动研究、个案研究等研究中很常见，作为数据收集的一种方法，观察经常与访谈或问卷调查一起使用，很少单独使用。观察是在自然场景中有意识地注意和详细地检查参与者的行为。根据观察者在研究中的参与程度，戈尔德(Gold，1958)将观察者角色分为四种：完全参与者、作为观察者的参与者、作为参与者的观察者和完全观察者(即非参与性观察)。观察者充当何种角色取决于他们研究的环境和目的，其角色可能会随着研究的发展而改变。在观察过程中可以收集到不同类型的数据，如研究人员所做的田野记录、视频和音频记录以及地图、照片等。本部分将侧重于作为观察者的参与者和以田野笔记为例介绍观察法的运用。因为作为观察者的参与者是四种角色中最微妙和最复杂的角色，而田野笔记是丰富且深入的观测数据的基础。

通过观察收集数据，一般涉及观察前的准备、观察以及做田野笔记三个环节。首先，开始观察前，观察者/研究者需要取得进入田野(即研究地点/现场)的许可，以及需要对观察时可能发现的问题或发现的特征有总体的判断或预设。切记，预设的问题或预判要尽可能减少先入为主的想法。准备环节的这两项工作有助于研究者顺利进入田野进行观察，同时，也有助于研究者以全新的视角来观察、注意到熟悉事物的其他方面。此外，在观察开始前，研究者需要培养自身的观察能力，而且在观察过程中，通过观察实践能够不断提高自身的观察能力。

进入观察环节后，研究者需要做好两项工作，即深度详细描写(Thick Description)与以熟知中探索未知(Making the Familiar Strange)。深度详细描写是参与式观察的一个基本方面(Geertz，1973)。研究者需要尽可能详细且丰富地描写研究背景等相关内容，这样不仅可以有利于研究报告真实性的呈现，也有利于学习者联系实际体会研究报告的现实性。在观察中，从熟知中探索未知是研究者需要培养的另一基本技能，需要研究者避免对观察对象习以为然的态度(Holliday,2007)。正如舒茨(Schutz,1964)所言，当我们第一次去某个地方的时候，我们所经历的事情可能会显得很新奇，我们很容易对周围看到的一切提出问题。当面对熟悉的环境或观察对象，研究者的行为就需要像身处一个新环境中一样——去提问、去质疑在当前背景下发生了什么，并去解释那些看似毫无疑问的问题。

进入观察后，随即就来到做田野笔记这一环节。做田野笔记时，需要注意两个问题：其一，如何记田野笔记；其二，田野笔记记录哪些内容。记笔记的方式因人而异，不同的研究者有各自的偏好。对于学习者，建议将记录页面分成三列：左边一列记录时间、地点等详细信息；中间一列记录田野笔记的内容，可以采取叙述的形式；右边一列记录观察结束后的分析备忘录与对田野记录的评论。为了提高研究过程的质量，研究者可以在单独记录他们研究的同时，记录对研究过程的反思。此外，还可以使用便利贴，或者随时把你的想法用录音机记录下来等方法记录笔记(Burns,1999)。关于田野笔记记录哪些内容可以参考斯普拉德利(Spradley,1980)对观察维度的9个分类，如表2-2所列。

表2-2　Key dimensions of observation (Spradley, 1980)

Dimension	Definition
Space	The physical place or places
Actors	Activities the people involved
Objects	A set of related acts people do
Acts	The physical things that are present
Events	Single actions that people do
Time	A set of related activities that people carry out
Goals	The sequencing that takes place over time
Feelings	The things that people are trying to accomplish

研究者可以将以上8个维度写在笔记空白处，与上述三列组成一个网格，对观察对象进行田野记录，也可以简化这8个维度，体现自己观察的偏好。并非每次观察都要涉及这8个维度，但这些维度是将观察系统化的有效方法。无论采用何种方式记录笔记，初始的田野笔记需要尽可能宏观地展示出在某一场

合中发生了什么。当研究者投入更多时间与精力去思考记录他们在某一场合所看到的,或者当他们注意到某种悖论或矛盾出现时,他们很可能会专注到某些更突出的问题(Wolcott,1994)。需要注意的是,右边列中的分析性评论将有助于研究者发现下一步观察的重点,因为最初的数据分析通常会指导后续的数据收集。

观察是一项很难掌握的技能,不仅需要练习还需要严谨的精神。在观察时,需要详细记录场景与参与者的行为,并对记录认真审视与思考。

二、访谈(Interview)

访谈是定性研究数据收集最基本的方式之一,涉及到向人们提问并获得答案。每个人都能参与到这种交流模式中来,不局限于必须是研究者。例如,去医院就诊时,医生会对患者的病史进行详细询问,患者需要配合,给予回答。去应聘时,求职者在被聘任某一岗位之前通常要经历一次访谈。典型的访谈被描述为"有目的的对话"(Burgess,1984)或"专业对话"(Kvale,1996),被称之为"定性研究的黄金标准"(Silverman,2000)。访谈作为一种沟通方式在社会生活中普遍存在。抛开访谈的背景和目的不谈,访谈的形式却是相当一致的:向受访者提出问题,并希望他们提供有意义的回答。本部分将介绍访谈的类型与访谈的步骤。

(一) 访谈的类型

访谈基本可以分为三类:结构化访谈、开放式访谈和半结构化访谈。

1. 结构化访谈(Structured Interview)

在结构化访谈中,研究者对数据的收集有绝对的控制作用或主导作用。在此类型访谈中,采访者严格按照访谈表(Interview Schedule)中设计好的问题的形式、顺序对受访者进行提问,因此,得到的答案可以在受访者之间进行比较。此类型访谈类似于口头问卷调查。与问卷调查一样,研究者必须在其优点(精确性和可比性)与缺点(缺乏深度和丰富性)之间进行权衡。

2. 开放式访谈(Open Interview)

开放式访谈的问题不采用预先设定的方式,因此,也被称为"深度"(In-depth)和"非结构化"(Unstructured)访谈。访谈中,受访者可以详细阐述自己的经历、观点或感受,并将其与其他相关事项联系起来。尽管采访者会有目标话题，但访谈的方向在很大程度上由受访者决定。

3. 半结构化访谈(Semi-structured Interview)

虽然半结构化访谈兼具结构化访谈和开放式访谈的优点，但它绝非前两种类型访谈的单纯叠加。在半结构化访谈中，采访者对将要提出的问题有一个清晰的蓝图，甚至可能对提问有一个顺序的偏好，但也会根据访谈的实际情况进行灵活调整，让采访自然地进行，这样受访者就会积极参与其中，而不会觉得他们只是在回答问题。

(二) 访谈的步骤

研究者通过访谈收集数据一般都遵循以下四个环节：准备、设定、调整和整理。

1. 准备环节

准备访谈时，首先需要确定访谈的总体目标，然后围绕该目标确定需要与受访者讨论的主题。列出问题清单并非是最佳选择，因为单一的问题清单很可能把一次开放式访谈转变为一次口头问卷。为了避免这种情况，研究者需要对提出的问题按照主题进行分组，思考如何将不同的主题组织起来，从而形成一个脉络(包括主题的顺序、形式以及与之相关的具体问题等)，列出提纲。完成这些后，研究者可以找一些愿意接受采访的同事或朋友，或者与在研究中的受访者类似的人员，来进行试验采访，以形成有效的访谈模式。切记，在访谈前，研究者必须确保已经解决了所有相关的伦理道德问题，比如，保密和匿名等问题，并且已获得所有的相关许可。

2. 设定环节

在设定访谈时，研究者应该确保每次访谈都有足够的时间，访谈间隔也需要足够的时间来进行反思、复盘和制订计划。因此，研究者还需要考虑以下五个问题：

① "谁?"你会采访谁，为什么采访他们，以什么顺序来采访。

② "什么时候?"是否需要将访谈与某种特定事件联系起来，或避免某种特定时间。

③ "在哪里?"隐私很重要，地点的选择可能会影响受访者的回答。

④ "多长时间?"访谈时间的长短也会影响受访者的回答。

⑤“在怎样的条件下进行访谈?”对访谈进行录音、录像还是做笔记记录，不同的方式也影响受访者的回答。

无论访谈在何种条件下进行，访谈后一定要留出充足的时间来记下与之相关的印象。在此之后，研究者就应该确保自己提前到达访谈地点，并为访谈做准备：检查场地的相关设施，确保录音机、录像机可以正常运行，等等。当受访者到达时，与他们确认是否理解访谈所涉及的内容，并保证相关的保密和匿名等事项。此外，研究者应与受访者建立融洽的关系，了解他们的谈话方式、互动风格等。

3. 调整环节

访谈是双方共同构建的，进入访谈后，研究者(或访谈者)面临的最大挑战是：在访谈的过程中，如何保证互动在正确的方向展开。这就要求访谈者需要熟练、灵活掌握访谈的主题以及与之相关的一系列问题，以确保访谈者在访谈中时刻理解受访者的观点，并将其纳入到自己的访谈计划中。因此，在访谈中，访谈者要做到以下三点：首先是检查，即对不太理解或不清楚的回答寻求解释或澄清。常见的检查方法是通过“你是说……”或者“所以你的意思是……”这样的方式把受访者的回答反馈给他们并寻求确认。而受访者可以利用这个机会进一步阐述他们原来的观点。其次是跟进，即当受访者在回答中暗示关于某一特定问题还有更多信息可以提供时，访谈者就要对这些信号足够敏感并及时跟进，比如通过“你能否再多说一点……”类似的方式促进访谈向更深入的方向发展。最后是探究，这是访谈提问中最微妙的一个方面，因为它很容易变成审问。但探究也是成功访谈的因素之一，因为它可以帮助研究人员透过表象深入本质。特殊疑问句是一种很好的探究方式，但切记，此类问题太多会适得其反。此外，如果话题比较敏感，访谈者需要用间接的探究方式来减轻受访者的压力。比如采用假设的方式“如果……你会怎么做?”另外，访谈成功的关键还在于倾听。如果想让受访者充分地回答问题，那么，访谈者需要在访谈中表现出对他们所说的内容是真正感兴趣的，而不要被访谈的计划、笔记或录音机等分散注意力。

4. 整理环节

访谈结束后，访谈者要尽快完成当前访谈的整理工作。在整理时要记录下访谈的具体细节(包括时间、地点、人物、讨论的话题等)，并总结所涵盖的要点和下次访谈需要进一步跟进的问题等。该环节将有助于指导数据的收集。

通过访谈收集数据后，研究者需要对数据进行转写，在此基础上分析、解释并撰写研究报告。而数据分析可能是定性研究中最难的部分，定性数据分析如此困难的原因是，它是一个归纳推理、思考和理论化的过程（Taylor et al.，2016）。数据分析是一个动态的创造性过程。在整个分析过程中，研究者需要不断完善他们对所研究的内容的理解与解释。研究者需要花费很多时间对数据进行编码和重新编码。

访谈作为定性研究收集数据的方法，可以单独收集数据，也可以是观察等其他数据收集方法的补充。访谈是行动研究、个案研究、民族志研究等研究中重要的数据收集方法（Bragg，2007；Maybin，2006）。

三、笔记和日记（Journals and Diaries）

笔记和日记也是定性研究常用的数据收集方法。虽然这两个术语都与第一人称的时间顺序记录有关，但产生的数据类型不同。日记通常用来记录参与者的日常活动和客观经历，而笔记则记录了包括情绪、内省和自我反思等在内的各种心理活动（Smith-Sullivan，2008）。

许多定性研究使用日记分析，通过跟踪人们的模式和周期（Patterns and Cycles）来观察、改进或增强他们的实践。无论日记被用于何种学科，它都可以为研究者提供人们所经历的放大且详细的“快照”（Smith-Sullivan，2008）。虽然日记的格式各不相同，但可以为参与者提供一组特定的固定回答。这些可选的答案可以是二分法（如是/否）、比例或多项选择的格式。而日记也可以以日志、分类账或日历的形式构成。在分析日记时，研究者有多种选择。日记在提供丰富的主观数据的同时，也有助于混合研究方法的使用。如果研究者在日记中包含开放式问题，受访者的回答通常会随着研究的进行而出现主题和子主题的变化。

使用笔记是挖掘参与者丰富的个人经历和内心生活情感的最有效的研究工具之一。在分析笔记条目时，通常采用主题或内容分析系统。定性研究者在笔记中寻找因果关系、模式、反复出现的问题和反应；同时对主题或子主题进行记录和分类。虽然笔记条目通常是完全无结构的分布，但研究者也可能会向受访者问一些指导性的问题，促使他们对每个经历或事件进行更具体的记录。当研究敏感或禁忌话题时，笔记通常会让参与者对自己的自我表露程度感到满意。内向者或被边缘化的人在私下写作中表达自己的想法时可能会感到特别舒服（Smith-Sullivan，2008）。当某一研究主题的关注度很少且研究试图从第一人称经验中得到新数据时，笔记的使用也特别有价值。

四、录音和录像(Audio and Video)

录音和录像是定性研究常用的数据收集方法。录音和录像使用录音、录像设备来捕捉对话、互动和采访,其明显的价值在于它能满足定性研究者对数据的需求,比如,为深度访谈提供谈话内容的准确总结,为会话分析提供真实的会话语料。录音所捕获的数据介于现场记录或简单回忆所提供的较低细节水平和录像所提供的较高细节水平之间。与不录音相比,录音的准确性更高,通过捕捉语调和重读可以提供更多细节。而与录音相比,录像则能提供更多的细节,尤其是在非语言交流方面。

在定性访谈中,一个常见的问题是是否要使用记录的方法来收集数据。该问题的本质是要在录音和录像作为数据收集和分析工具的优势和它们对对话的潜在干扰之间进行权衡。因为记录设备的存在不可避免地会对参与者和研究者产生一些影响,所以关键问题是记录会在多大程度上改变原本"自然主义的观察",从而对数据的概念或质量产生重大影响。在这种权衡中,定性研究者可能经常倾向于录音,因为它既能提供更多的细节,又能在收集数据的环境中实现最小的干扰(Morgan et al. ,2008)。

录像除了捕捉有声图像之外,还会捕捉没有声音的运动图像,以研究互动和行为的视觉细节。视频研究正变得越来越普遍,一方面,随着技术的发展,视频设备不仅易于使用且价格也相对合适;另一方面,视频可以为研究者提供可以反复检查的数据。

在定性研究中有两种不同的录像方法:研究者生成的录像和参与者生成的录像。在研究者生成的录像中,由研究者选择视频的主题和内容。研究者生成录像的项目通常涉及在自然环境中捕捉特定的社会活动,比如教室、医疗保健环境或社区空间等。参与者生成的录像可以由研究参与者直接控制摄像机或选择要拍摄的内容,比如,"视频日记"可以用来说明参与者的身份或生活世界(Gibson,2008)。录像能够捕捉到社会互动和行为的复杂性和细节,这是单靠观察无法做到的。录像可以提供详细的数据,比如,行为、谈话、互动和举止的细节以及地点、身体装饰和特征等。与观察相比,录像的持久性有明显的一个优势,即允许重复的分析周期,研究者可以随着时间的推移关注不同的信息。正是这一优势,允许研究者在不同的时间以不同的方式分析数据的不同方面(比如定格、慢动作等),并允许多名研究者对数据重复分析(Gibson,2008)。

五、自陈(Self-report)

关于个人的信息数据除了可以通过直接观察获得，也可以通过他们对自己行为或态度的自陈来获得。一般情况下，研究人员可以选择使用多种观察方法，但在某些情况下，自我报告测量是唯一可以使用的方法。比如，研究者可以让受访者称体重，或者在调查中询问他们的体重。再如，对投票行为感兴趣的研究者可以查看官方记录以获得投票信息，或者可以在调查中询问受访者是否在最近的选举中投票。一些投票研究同时使用这两种方法，以便对受访者实际行为的效度更确信(Traugott,2004)。

自陈测量的潜在问题是，可能包含一种或多种系统性错误或偏差。这可能源于问题的措辞方式或为受访者提供的备选回答、问题的顺序、受访者与采访者的互动，或在某一特定社会环境中受访者对“可接受的”答案的看法。自陈偏差最重要的一种形式与社会期望偏差有关，或者倾向于提供比其他回答更容易被接受的回答。这是最常见的解释，人们普遍倾向于说他们投票了，而记录检查表明，许多人没有投票。这些自陈的回答模式与采访者和受访者的社会特征之间的关系的本质可以联系起来(Traugott,2004)。

六、问卷(Surveys)

作为调查研究的分支，问卷是向受访者提供一系列问题或陈述的书面工具，通过该工具受访者可以写出答案或从现有答案中进行回答(Brown,2001)。通过问卷调查，研究者能够收集受访者的相关信息，比如，对二语学习者进行问卷调查，被调查的学习者对自己学习的信念和动机，或对课堂教学和活动的反应等进行汇报。因此，针对特定的研究领域可以设计专业化类型的问卷，比如，话语补全问卷(Discourse Completion Questionnaires)可以用于研究中介语用学。尽管问卷有不同类型，但问卷的题目大致可以分为封闭式和开放式两类。封闭式问题是研究者在给出问题的同时给出可能的答案，受访者从中做出选择；而开放式问题则允许受访者以他们认为合适的方式回答问题。封闭式问题能得出容易量化和分析的答案；而开放式问题则能得到更多意想不到的、有洞察力的数据。比如，封闭式问题“为了通过英语四级考试，你每周学习多少小时？答案:3,6,10 或更多”；开放式问题:“你发现了哪些可以成功通过英语四级考试的方法?”

问卷设置何种类型的题目取决于研究者要解决的研究问题。比如，在相对非结构化的研究中，选择开放式问题并允许参与者的回答来指导假设的形成可能会更合适。一旦假设形成，研究者就可以选择封闭式问题，将注意力集中在重要的概念上。要注意，问卷调查问题的设置不需要完全是封闭式或开放式的，而是可以根据研究的目的和研究开始之前对研究现象的了解，将封闭式问题与开放式问题搭配设置（Mackey et al.，2016）。研究中使用问卷调查收集数据的优点是，问卷调查在多数情况下可以在短时间内向受访者得到纵向信息。问卷调查的方式多样，使得研究者在数据收集过程中具有更大的灵活性，比如通过电子邮件、电话、邮寄表格等方式进行。此外，根据问卷题目的不同类型的设置，问卷既可以提供定性的见解，也可以提供可量化的数据，这也是问卷调查收集数据的另一优势。

小　结

定性研究是一种对社会现象进行探究的方式（陈向明，2000），本章介绍了常用的定性研究方法及其数据收集方法，内容包括个案研究、叙事研究、行动研究、民族志研究、扎根理论研究、会话分析研究；观察、访谈、笔记和日记、录音和录像、自陈及问卷。通过定性研究方法，研究者可以在充分掌握原始资料的基础上，观察、分析语言现象，理解语言的本质与语言使用的规律，从而将语言知识与现实世界中语言的使用联系起来，更好地服务于语言教学、语言规划的同时，助力于信息时代下的语言研究。

在了解掌握本章介绍的定性研究方法后，学习者可以从微观层面对语言现象进行细致、动态的描述与分析。下一章将介绍语言研究中的另一重要研究方法，即定量研究，以期学习者可以从宏观层面对语言现象进行调查，做出量化研究；或将两种研究方法相结合，以便更好地适应特定的研究问题和研究对象。

思考与讨论

1. 如何定义个案研究？
2. 定性个案研究人员会使用什么数据收集方法？
3. 个案研究数据分析涉及哪些方面？

4. 如何定义叙事研究？

5. 叙事研究的类型有哪些？不同类型之间的差异是什么？

6. 叙事研究研究者进行分析数据时有哪几个步骤？

7. 什么是行动研究？

8. 行动研究数据收集的方法有哪些？

9. 民族志研究的特征是什么？

10. 民族志研究是如何进行的？

11. 什么是扎根理论？

12. 如何运用扎根理论进行研究？

13. 什么是会话分析？

14. 会话分析的核心概念是什么？如何理解？

15. 如何进行会话分析研究？

16. 观察前需要做哪些准备？

17. 访谈为定性研究提供了什么(数据)是无法通过观察或问卷调查等其他方法获得的？

18. 笔记和日记用于收集何种类型的数据？

19. 录音和录像的优点和缺点是什么？

20. 自陈的潜在问题有哪些？

21. 问卷的题目设置有几种类型？有何区别？

第三章 定量研究

引 言

上一章介绍了语言研究中的定性研究方法和数据收集，本章将介绍语言研究中另一个重要的科学研究方法——定量研究。定量研究探寻“是什么”的问题，是以数字或图表形式表示结果的一种研究方式。它需要运用数学与统计工具去分析研究对象的数量或数值，旨在通过建立各种数据模型或数据对比的形式，得到客观结论，从数据层面证明研究理论。定量研究通过量化数据来描述、解释和预测语言现象，主要包括两个部分：实验研究（Experimental Research）和统计分析（Statistical Analysis）。

定量研究方法在语言研究中应用非常广泛。例如，在二语学习中，研究者想要探索有效的词汇学习策略，证明使用词汇联想的学习策略比单纯的死记硬背更高效。这种情况下，最直接的方法就是通过语言实验来说明问题。即在其他因素不变的情况下，观察使用不同的学习策略学习同一组单词的学生，并考查单词的掌握效果。实验开始前，需要筛选被试并划分实验组（使用词汇联想的学习策略）和控制组（不使用词汇联想的学习策略），通过语言测试，确保两组学生的各种条件（年龄、性别、语言水平等）是等值的。特定时间的学习后，所有被试将进行单词测试，根据成绩确定学习策略对学习效果的影响，即实验组的成绩与控制组是否存在显著性差异，从而判断研究的假设是否正确。再比如，运用统计分析方法，研究人员首先使用语音识别技术，将大量语音数据转化为文本，并据此统计不同音素的出现频率。根据得到的数字、图表、百分比等数据，可以探究语音的差异性、相似性以及背后的原因。因此，对研究方言变异、制定方言保护政策、进行语言教育等都具有重要的参考和指导价值。

总的来说，定量研究是一种基于数量化数据进行的客观的、可重复的、控制变量的研究方法，适用于检验提出的假设及研究问题，使用该方法产生的结果往往是数字化的数据和统计分析的结论，因此，可以提供精确、量化的信息，为后续的研究提供基础。由于它通常是基于标准化的数据收集方式，存在一定局限性，因此可能无法涵盖所有可能的语言变量。此外，定量研究可能无法解释语言现象的个体差异和背景信息，以及无法涵盖非量化的语言变量。因此，在语言研究中，定量研究通常与定性研究结合使用，以获得更全面的数据和更准确的结论。

下面，我们将分别从实验研究和统计分析两个方面，进一步说明定量研究方法。其中，实验研究方法部分涉及与实验研究密切相关的基本概念；统计分析方法主要介绍语言研究数据中常用的分析方法及辅助工具。

第一节 实验研究

实验研究是语言研究中的重要方法。实验研究旨在通过控制和操纵变量，确定因果关系并验证假设。在语言研究中，实验方法被广泛应用于探索语言现象、语言习得与教育、语言加工与处理等方面，帮助我们从语音到语义、从习得到使用、从心理到社会等各个层面更深入地理解语言。

一、实验研究介绍

实验研究指研究者有意识地使一个变量（自变量）发生变化，然后观察这种变化是否对另一个变量（因变量）产生影响（刘润清，1999）。研究者使用实验的方法来收集数据，对语言现象进行分析和探究。通过对语言使用者行为、反应的测试和观察，提高对语言现象的理解。

实验研究通常包括以下几个步骤：

(1) 设计研究问题。确定要研究的语言现象或假设，并明确研究问题。

(2) 设计实验。确定实验的参与者（被试）、实验材料（例如语言刺激）、实验条件和实验过程。实验设计应尽可能控制其他潜在的影响因素，以确保结果的可靠性和有效性。

(3) 数据收集。在实验条件下，采集相关的数据。这可能包括被试的行为反应、反应时间、语言产出或神经生理数据等。

(4) 数据分析。对收集到的数据进行统计分析,以验证假设或得出结论。常用的分析方法包括描述统计、t 检验、方差分析、线性回归等。

(5) 结果解释。根据数据分析的结果,解释实验的发现,并与先前的理论或研究结果进行对比。

(6) 论文写作和发表。将实验研究的结果整理成论文,并提交到学术期刊进行发表,以分享研究成果并促进学术讨论。

实验研究的优势在于它可以提供较高的内部效度,即控制其他因素对研究结果的影响。然而,实验研究也存在一些限制,例如在某种程度上的人为实验环境、潜在的被试偏差、实验条件下语言现象难以准确模拟等。

真正的实验研究有以下两大特点(刘润清,1999):

其一,研究者对自变量的控制。科学实验要求根据研究的需要,借助各种方法、技术减少或消除各种可能影响科学的无关因素的干扰,在简化、纯化的状态下认识研究对象。通过控制变量,研究者可以确保只有一个变量的改变是导致结果的原因,从而提高实验的可靠性和可重复性。

其二,对被试的随机抽样。通常指从目标人群中以随机的方式选择参与实验的被试,使得每个人都有平等的机会成为样本中的一部分,以确保样本的代表性和结果的可靠性。

然而,在某些环境下,进行真正的实验研究非常困难。有些自变量不能控制,有时随机抽样又难以实现。例如,在进行语言教育研究时,由于教室环境中存在众多因素的交互作用(如学生个体差异、教师风格、教材内容等)、样本选择受限(如访问特定类型的学校或学生可能需要特殊的许可或权限、需要长期干预或跟踪的实验可能涉及伦理和实施困难)等因素的影响,真正的实验研究可能会遇到一些挑战和限制。因此,在相应环境中,通常需要对真正的实验设计进行修改,变成前实验研究(Pre-experimental Research)或准实验研究(Quasi-experimental Research)。这些设计可以帮助研究者克服实施真正实验研究的困难,这些我们将在下面的部分逐一介绍。

总之,实验研究在语言研究中具有重要地位,通过其严谨的方法和数据分析,可以为我们对语言现象和语言处理机制的理解提供有力支持。

二、前实验设计(Pre-experimental Design)

前实验设计还称不上是合格的实验设计,也就是说还没控制足以产生内部失效的因素(刘润清,1999)。通常属于单组设计,研究者进行某种干预或处理,如对一个群体或班级进行某种干预或语言教学方法的应用,然后观察结果,但是没有控制组进行比较。前实验设计通常被用作真正实验研究的初步探索或预测试阶段,以了解干预或处理对研究参与者的影响。

前实验设计有多种情况,比较常见的有以下三个类型。

(一)一次性个案研究(One-short Case Study)

这种设计涉及对单个个体或案例进行干预后的观察和评估。例如,在二语教学中,研究者想要了解一名学生使用电子辅助学习小程序对其英语写作能力的影响。通过引入某种电子辅助学习小程序辅助学生进行英语写作,完成英语写作作业;研究者对学生的写作作业进行评估,关注其语法准确性、词汇使用和表达能力等方面的改善;通过与之前的写作作业进行比较,观察学生在使用电子辅助学习小程序后的写作能力是否有所提升。值得注意的是,首先,由于只有一个个案或个体,无法与控制组进行比较,因此无法排除其他可能的因素对结果的影响,无法准确评估小程序的效果;其次,实验之前,没有对该生进行评估或观察,由此缺少与设计后数据进行比较的依据。

(二)单组试验前后测试设计(One-group Pretest-posttest Design)

在这种设计中,研究者在进行干预之前进行一次测量(前测),然后在干预之后再进行一次测量(后测)。通过比较前测和后测的结果,研究者可以初步评估干预的效果。可见,与一次性个案研究相比,单组实验前后测试设计在实验处理之前增加了一次测量或观察,因此,所得结果较为可信。然而,由于也没有控制组进行比较,前实验设计无法排除其他可能的因素对实验结果的影响。例如,研究者探索某种语音教学方法对学生口语发音准确性的影响,在实施教学方法前(前测)和训练练习后(后测),分别对学生进行口语发音测试,分析前测和后测的结果,比较学生的口语发音准确性是否有显著改善。但是,在这段学习时间中,学生的个体差异、学习环境、干预方法、外部因素等都可能引起学生口语发音准确性的变化。如果引入一个控制组(不使用该语音教学方法),两个组都有进步,但实验组的进步显著优于控制组,即有显著性差异,那么就能更好地测试这种口语教学方法的教学效果。

(三)原组设计(Intact-group Design)

在这种设计中,研究者通常利用已经存在的群体或组织(如学校班级、公司部门或社区团体),观察和比较在某个自变量的水平上的差异。首先,原组设计中增加了一个控制组。例如,研究者想要比较同一所学校中两个不同班级的学生在英语阅读理解方面的表现。A班为实验组班级，B班为控制组班级，这样一些诸如学校等自然因素就可以得到控制。其次，由于没有通过随机抽样的方式分配实验组和控制组，两个组之间可能存在基线差异和潜在的混淆变量，因此，在提供一些有关预效果的初步信息的同时，需要谨慎解释实验结果。

除此之外，前实验设计还包括单组实验前测设计（One-group Pretest-only Design）等方式。

一般来说，前实验设计还不能算是真正的实验设计，由于没有控制组，无法排除其他变量的影响，因此在因果推断方面的可靠性较低。它可以用来提供一些初步的实验结论，但在实验结果的解释上需要注意其局限性。

三、真正的实验设计（True Experimental Design）

真正的实验设计要能够控制可能影响内部效度的一切因素（刘润清，1999）。研究者通过随机抽样对参与者进行分配，并控制其他潜在的混淆变量，以确定自变量对因变量的影响。

常用的有以下两种设计。

其一，只有实验后测试的控制组设计（Posttest-only Control Group Design）。这种设计有两个重要特点：首先，该设计引入了控制组，与实验组相对照，控制组不接受特定的干预或处理。另外，两个组的形成是采用随机抽样的方式挑选的，由此，不仅避免了选取已经存在的群体或组织（如自然班、自然材料等）之间可能存在的差异，而且也保证了在诸多变量上的同等水平（如高考分数、家庭背景、就读中学等）。学者刘润清（1999）认为这种设计是最理想的模式，既简单又科学，只要有可能进行随机抽样，都可以使用这种设计。

其二，含控制组实验前后测试的设计（Pretest-posttest Control Group Design）。这是较常见的一种真正的实验设计方式。参与者被随机分配到实验组和控制组。实验组接受特定的干预或处理，而控制组不接受干预。在实施干预前和干预后，对两组进行前后测量，并比较干预的效果。例如，在二语教学中，研究者想要研究一种新的语言教学方法是否能够提高学生的英语词汇掌握能力，他们将参与者随机分配到实验组和控制组，其中，实验组接受新的教学方法，而控制组延续传统的教学方法。在教学方法实施前和实施后，对两组学生进行英语词汇测试，然后比较两组的成绩差异。

由于这些实验设计方法允许研究者在语言研究中控制变量、验证因果关系，并得出科学可靠的结论，因此，应用的情况较为广泛。

另一方面，实验设计如果加重被试的压力，可能导致被试感到厌倦或疲劳，这些情况对结果的可靠性会造成影响。此外，随着任务时间的增加，被试可能会获得实践经验，从而导致伪现象(Artefacts)的产生。我们获得的结果将不再是基于参与者对实际内容做出的反应，而是基于他们对任务的反应。换句话说，伪现象是基于参与者对特定方法论的反应而产生的结果，并不是基于参与者对变量变化的反应。这些都会对实验结果信度和效度造成影响。

四、因子设计(Factorial Design)

因子设计属于真正的实验设计的一种，是在真正的实验设计的基础上发展起来的较为复杂的一种实验设计方式。这种设计中，研究者可以同时测量两个或多个自变量，并观察它们对因变量的单独和交互影响。因此，这种设计允许研究者探索多个变量对结果的综合影响。

比如，在某种语言教学方法是否能够提高学生的英语词汇掌握能力的研究中，学生都是同一水平的。如果我们考虑到词汇掌握的效果可能与学生的学习水平有关，需要添加一个自变量，即语言水平。那么相应的，实验设计中需要添加不同水平的组别，如中等水平组和高级水平组，同时增加相应的控制组。

再如，假设研究者想要探索二语学习时间和学习环境两个因素对学习者口语流利度的影响，实验可以通过因子设计将被试随机分配到四个组别中：短时间学习＋正式环境、长时间学习＋正式环境、短时间学习＋非正式环境、长时间学习＋非正式环境。然后对每个组的被试进行口语流利度的评估，以此来观察学习时间和学习环境对口语流利度的影响。

在外语教学研究中，因子设计是经常使用的，但略有修改。传统因子设计中有一个正式的“实验处理”(Treatment)阶段(如让外国教师教外语一年)。在外语教学中，可以没有这个“处理”阶段，而是让学生用外语做一件事，例如，判断句子正确与否，或模仿发音等。被试的完成情况就成了数据。弗林(Flynn，1984)研究了日语和西班牙语的本族者模仿“左向”(Left Branching)和“右向”(Right Branching)英语状语短语的能力。她的假设是：母语中的短语的“基本走向”(或左或右)会影响到模仿英语的类似短语。她的被试没有经过随机抽样，但先测验了英语水平，之后根据测验结果分为初级、中级、高级三个水平，再按母语分开，然后给他们要模仿的英语句子。这种设计中，可以说“处理”阶段发生在实验之前，所谓处理就是确定被试的外语水平而已。如果被试没有经过随机抽样，要模仿的句子可以是不同的，随机发给不同的被试。在一定意义上，因子设计不属于真正的实验，而属于下面要讨论的准实验设计(刘润清，1999)。

五、准实验设计(Quasi-experimental Design)

在实际教育科研或外语教学过程中,真正的实验设计往往受到一些客观条件的制约,实施起来是较为困难的,只能尽量接近真正的实验设计,即准实验设计。这种设计具备一定的实验设计特征。赖辛格(Rasinger,2013)认为准实验设计也是基于一个(或多个)变量的变化,但与真正的实验设计存在两个关键性差异。首先,实验组和对照组的参与者不是通过随机抽样产生的,而是在某种程度上"自然给定"(Naturally Given)。其次,某些情况下,准实验设计并非由研究者有意进行干预或操纵,而是由"外部力量"(External Force)改变特定的变量。两个实验设计比较如表 3-1 所列。

表 3-1 真正的实验设计与准实验设计比较(Rasinger,2013)

Type of design	Possible application	Pros/Cons
Experimental	Influence of a particular external stimulus on a linguistic feature	+ total control of researcher — often difficult to set up + validity and reliability issues
Quasi-experimental	Influence of a particular external stimulus on a linguistic feature	+ observation of real change in comparatively short period of time (cf. longitudinal) — no control over change of variable — little control over external factors

例如,在外语教学研究中,根据随机抽样的结果将已有的教学班级打乱重组,进行一段时间的研究后,再恢复原来的班级,这是一种极为理想的情况,但在实际操作中,实现起来非常困难。因为这不仅会影响学校的教学秩序、打乱任课老师既定的教学计划,也会增加相关学生的学习任务。因此,研究者往往只能放弃一些真正实验设计的要求,充分利用真实的教学环境,即"自然给定"的班级或分组。再比如,研究者想要研究使用计算机辅助语言学习软件对学生英语口语流利度的影响。假设某个学校决定为学生提供一种计算机辅助语言学习软件,这是学校作出的决策,而不是研究者的干预或操纵,即"外部力量"。通过观察和比较实验组(使用)和对照组(不使用)学生的口语表现数据,我们可以初步了解该软件对学生英语口语流利度的潜在影响。

以下简要介绍几种较为常见的准实验设计方式。

(一) 非等值控制组设计(Non-equivalent Control Group Design)

非等值控制组设计指无法对被试进行随机抽样时,使用两个"自然给定"的分组进行实验。在非等值控制组设计中,研究者无法通过随机分配将被试分配到实验组和控制组,而是根据某些现有的特征或条件将他们分组。尽管研究者尽力匹配组间的特征,但仍然会有潜在的差异。因此,研究者通常会在实验前进行一次前测,确保因变量的可比性。

例如,研究人员想要研究一种新的课堂互动教学方法对学生学习成绩的影响。由于难以进行随机分配,研究人员选择了两个不同的班级,在实验之前,首先对两个班级的成绩进行测量,以获取他们的初始水平。然后,其中一个班级接受新的课堂互动教学方法,而另一个班级继续沿用传统的教学方法。最后,比较两个班级学生的学习成绩来评估教学方法的效果。

(二) 时间次序设计(Time Series Design)

时间次序设计也叫时间抽样设计(Time-sampling Design)。在某些情况下,设置控制组较为困难,而采用单组实验前后测试设计又存在严重的缺陷时,可以在一次实验前后的多个时间点对同一组被试进行多次测试或测量,以观察随时间变化的数据。这种实验设计等于把同一组参与者在不同时间内看作不同组的被试。实验前连续几次测试就可以为这个群体建立一个发展常模(Norm)。这样就有助于控制由于儿童成长或历史原因而造成的影响(刘润清,1999)。

例如,假设研究人员想要研究一种语言训练方法对学生语言表达能力的长期影响。他们选择了一组学生,并在训练开始前、训练期间和训练结束后的多个时间点对他们进行语言表达能力的测量。通过观察测量结果随时间的变化,研究人员可以推断训练方法对语言表达能力的影响。

(三) 等值时间样本设计(Equivalent Time-sampling Design)

等值时间样本设计与时间抽样设计类似,参与者在不同时间点上被视为独立的样本,而不是分为实验组和控制组。研究者在一段时间内系统地、反复地实施某种干预或进行某种处理。这种干预或处理可以是同一种的反复使用,也可以是变换方式交替进行或轮空为零处理。

例如,想要探究口语辅导对学生口语表达的影响,第一周不辅导,收集到的学生口语表达成绩数据为不合格;第二周进行辅导,收集到的学生口语表达成绩数据为合格；第三周不辅导，学生成绩不合格；第四周再次进行辅导，学生成绩再次合格。由此，可以呈现口语辅导对学生口语表达的影响。

(四) 分离样本的实验前后测试设计(Separate Sample Pretest/Posttest Design)

在这种设计中，同样只有一个实验组接受干预或处理，并在实施干预前和干预后对参与者进行测量。

例如，我们举办大学英语教师培训计划，每期一个月，每次参与教师 100 人，连续举办 5 期。如果想要研究培训的效果，至少要观察 3 期的培训成绩。这里就可以使用单组实验前后测试设计，在选取的三个样本上各做一次。

刘润清(1999)分析这种设计的优缺点时指出，首先，这种设计的优势在于，它可以测量大批受试者，不用为一时人数的不足而发愁；其次，设计包括多个组，可以长期进行，对彻底观察变量是有好处的；再次，便于排除历史的影响。然而，由于必须使用实验前测，这种设计容易受到测试效应的影响；如果组与组之间相隔的时间太长，就会出现成熟(即参与者在研究过程中随着时间的推移而发生的语言能力或知识的增长)的影响。

六、变量(Variable)

在定量研究中，变量是一个核心概念。刘润清(1999)将变量定义为随着时间变化而变化或因个体不同而有差异的因素。一个学生的英语水平会随着学习时间的推移而提高(变化)，所以该学生的英语水平就是一个变量。另一方面，性别因素则不会随着时间的变化而变化，而是因个体不同而有所差异。在外语教学科研中，经常研究的变量包括语言水平(听、说、读、写、词汇量等)、教学方法、教材、大纲、学习动机、学习兴趣、自我评估、学习时间、输入量等；作为个体差异的变量包括性别、智力、人格因素、学习策略、母语背景等。

一方面，变量被理解为更复杂的结构(即真实世界中的对象或事件)中可观察、可量化的组成部分。例如，当人们对“英语熟练度”这一事件感兴趣时，就会对其进行量化，可以借助变量“英语测试成绩”来表示英语的熟练程度。另一方面，变量也被看作是特定案例的可测量特征，而案例正是显示这种可测量特征的具体“事物”或单位。在语言学中，一个案例可以是一个人、一组人，或一个语言单位。从“变量”一词本身就可以看出，这个特征的值(或结果)在不同案例之间可能有很大的变化。

由此可见，在科学研究中，变量的功能很不相同，同一个变量在不同设计中的作用也不同。在统计分析中，变量的分类和操作，对于研究的架构和设计是至关重要的。因此,明确变量的分类和关系,对于研究者来说是首要问题。

在统计分析中,研究者通常需要区分五种类型的变量,即自变量、因变量、调节变量、控制变量和介入变量。

(一) 自变量(Independent Variable)与因变量(Dependent Variable)

自变量和因变量被称为一切研究中最主要的因素。

自变量是研究者有意识进行操控的变量,也叫刺激变量(Stimulus Variable)或输入(Input)。因变量是被观察的变量,用于确定自变量的影响效果,也叫反应变量(Response Variable)或输出(Output)。例如,每周学习的时长会影响学习进步的速度。这里周学时就是自变量,学习进步是因变量。研究者可以通过操纵周学时的增加或减少,来观察或测试学习成绩的变化,即因变量的变化。因此,自变量和因变量之间的区别在于后者可以受到前者的影响,但反之则不然。

在大多数实际研究中,不是只有一个自变量和一个因变量,而是存在多个自变量和多个因变量的情况。并且,相同的变量在不同研究中的角色可以发生变化,有些变量在一个研究中是自变量,在另一个研究中可能就变成了因变量。这一般取决于研究的焦点以及研究者的研究问题。例如,探究阅读能力对口语表达的影响时,阅读能力是自变量,口语表达是因变量。而探究口语表达对阅读能力的影响时,口语表达就成了自变量,而阅读能力成为了因变量。

尽管在许多研究问题中,自变量和因变量从一开始就比较明确,但也存在一些难以确定的情况。例如,社会语言学的研究表明社会阶层与是否使用标准语之间存在相关性;通常情况下,非标准语使用者(Non-standard Speaker)在收入较低阶层的人群中更频繁出现。因此可以认为,社会阶层是自变量,因为它影响人们的言语方式。然而,我们也可以认为,正是人们对非标准语使用者的否定态度,影响了一些特定的就业机会,从而对他们的整体经济状况和社会阶层造成影响(Rasinger,2013)。这就好像一个“鸡生蛋,蛋生鸡”的问题(the chick or the egg question),在解释结果时需要仔细考虑。

(二) 调节变量(Moderator Variable)

调节变量是一种特殊类型的自变量。在实验中引入这种变量,是为了探究它怎样影响或改变自变量和因变量之间的关系。比如,当我们要测量自变量 A 对因变量 B 的影响时,又发现另外一个因素 C 可能对它们也有影响,这时就把 C 作为一个调节变量引入分析。例如,我们要研究每周学习时间和学习成绩之间的关系,但又感觉学生的性别可能会对这种关系产生影响,这里我们就可以将学生分成男生和女生两组进行观察。我们在操纵自变量之后(即增加或减少每周学习时间),如果男生组和女生组的成绩出现明显差异,比如男生成绩下降,而女生成绩提高,则说明性别这个调节变量对自变量和因变量的关系产生了影响。

自变量和调节变量的主要区别在于:在前者中,研究者更关注它与因变量的直接关系;而在后者中,研究者关注的是它对该关系的影响。在语言研究中,涉及的因素非常广泛,包括几个调节变量的情况也较为常见。

(三) 控制变量(Control Variable)

在现实条件下,研究者不可能同时涉及一个问题的所有变量。一项研究往往只能探索一部分变量,这就要求研究者必须努力消除或控制可能对自变量、因变量或调节变量产生扭曲或影响的各种变量。这些变量就是控制变量。实验设计中这些变量需要被排除或保持状态的恒定,以确保在观察自变量和因变量之间关系时不受其他因素的干扰。

例如,研究者想要探究不同学习策略对学生英语写作表现的影响。自变量是学习策略,因变量是学生的写作表现。在这个研究中,为了控制其他可能的影响因素,研究者还需要控制其他变量。比如,学生的英语水平。为了确保研究结果不受学生英语水平的影响,研究者可以选择在研究开始前对参与者进行英语水平测试,确保不同学习策略组中的学生英语水平相对均衡。同理,学生的年龄和性别也可能对写作表现产生影响。为了控制这些因素,研究者可以在不同学习策略组中随机分配具有相似年龄和性别比例的学生,不让样本差异造成影响。由此可见,通过控制这些变量,研究者可以减少其他因素对研究结果的干扰,更准确地评估不同学习策略对学生英语写作表现的影响。因此,控制变量的使用有助于提高实验的内部效度,使研究结果更具可靠性和可解释性。

(四) 介入变量(Intervening Variable)

与上面讲到的三种变量不同,介入变量原则上是不可观察的。它们是抽象的、理论上的标签,是用来描述自变量和因变量之间关系的理论框架,很大程度上取决于研究者对所研究现象采取的理论立场。例如,研究学习者学习年限与英语水平的关系时,真正的问题是什么是语言学习。但语言学习是不可观察的,是在学生的头脑中进行的一个过程,因此,它是一个介入变量。但是对语言学习的过程,人们持不同的看法,如语言接触量,语言输入量,教师教学效应等。

持语言接触量观点的研究者会默认介入变量是语言接触量，因此认为学习者必须接触一定量的语言之后，才有可能总结语言规则，再接触一定量语言之后，才有可能概括出更多的语法规则，直到掌握这种语言（刘润清，1999）。由此可见，介入变量作为一个理论上的抽象标签，关联着研究者将如何看待和解释自变量和因变量之间的关系。

（五）五种变量之间的关系

综上所述，在研究当中，最主要的是自变量与因变量，因为研究的核心目标是确定自变量与因变量之间的关系。如果想要研究特定自变量如何影响或改变自变量与因变量之间的关系，可以选择一个或多个调节变量。介入变量是用来说明或标注连接自变量和因变量的过程或关系的。

此外，为了确保没有外部变量对研究产生影响，我们必须控制任何可能影响研究结果的潜在变量，即控制变量，消除或中立其影响。

变量之间的一般关系，可以借用 1988 年布朗（Brown）研究中的关系图（见图 3-1）呈现，注意箭头表示的是研究者在研究设计和思考中的焦点方向。

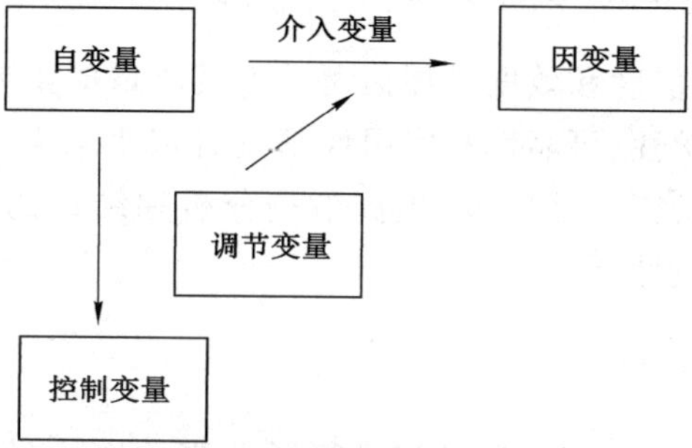

图 3-1 变量之间的关系图示（Brown，1988）

（六）变量与测量工具

在实际研究中，我们往往会发现，变量在大多情况下并非是具体、明确的概念，而是一种抽象的、理论上的建构，是深奥且模糊的，不同的研究者对它们的理解和认识可能有很大不同。有学者指出，就连语言水平（Language Proficiency）这种简单的概念，10 个人都会有 10 种看法（刘润清，1999）。而如何测量一个问题，如何从某种看法走到具体的测量方法，并不是一段简单的路，路线的延展也在一定意义上反映研究者的理论立场。例如，如果研究中的变量是学生的阅读理解能力，我们通常会选择一种标准化的阅读理解测试工具，如 TOEFL

阅读部分或 IELTS 阅读部分。因为这些测试具有良好的信度和效度,并且已经在许多研究中使用过。但值得注意的是,TOEFL 和 IELTS 阅读部分反映的正是设计者对阅读理解能力的看法,如何量化、如何评估,反应的是设计者的理论立场。

可见,从变量到测量并不是一段简单的过程。要将不可操作的东西转换成可操作的东西,将不可测量的东西转换成可测可量的东西,中间很容易出现"失真"现象。这就要求研究者审慎地进行考虑和规划,确保测量工具能够有效地捕捉和量化所关注的变量。首先,确定研究中要关注的变量。这可能涉及到文献回顾、理论框架和研究目的的明确。变量应该是明确和可操作的概念,可以通过测量来捕捉。其次,根据变量的性质和研究问题的要求,选择合适的测量工具。测量工具可以是标准化的问卷、测试、观察表、记录表、任务或其他方法。选择测量工具时,需要考虑信度、效度、敏感性、可操作性等一系列问题。在标准化工具无法完全满足研究的需求时,需要设计自己的测量工具,如编制问卷、开发任务或观察表等,以便更好地适应特定的研究问题和研究对象。

七、信度与效度(Reliability and Validity)

在语言研究中,信度和效度是评估测量工具质量的重要指标。信度和效度对于语言研究的科学性、可靠性和实用性都具有重要意义。评估测量工具的信度和效度可以增强研究的信任度,提高数据分析和结论的准确性,以及支持实际决策和干预的有效性。

(一) 信度(Reliability)介绍

量化研究的优势在于,一旦我们进行了适当的实验(即特定的研究程序或方法),这些实验能够按照说明进行复制,我们可以准确地再次测量同样的事物。简单来说,信度表现的就是这种稳定性和一致性,即一种方法反复且一致地测量其应该测量的内容。所以,如果我们以完全相同的方式和环境再次测试相同的人,假如我们的方法是可靠的,我们应该得到完全相同的结果。

语言学研究的环境比较复杂,人在改变,环境也在变化,即使是相同的参与者,也不一定能以完全相同的方式再次对同一项测试做出相同的反应。可能因为某些参与者已经获得了一定的测试经验,也可能只是因为今天心情不太好。但是,无论如何,我们需要确保使用的方法是可靠的,并且始终保持信度。同时,测量方法也不能依赖研究者:无论研究者是谁,都应当能通过对变量的操作得到相同或相似的数据和结果。

（二）信度分类

这一部分主要介绍与语言研究相关的两种信度类型，评价者信度（Rater Reliability）和研究工具信度（Instrument Reliability）。前者关注的是多个评价者对同一现象评价的一致性，后者侧重同一测量工具在不同情境下的稳定性和一致性。在实际研究中，确保评价者信度和研究工具信度是确保研究结果准确可信的重要步骤。

1. 评价者信度（Rater Reliability）

评价者信度是指在测量过程中，不同评价者对同一被测对象进行评价时的一致性和可靠性。评价者信度的高低反映了评价者的一致性程度，即不同评价者在评价过程中是否能够产生相似的评价结果。评价者信度是确保评价结果可靠性和准确性的重要因素。

评价者信度在语言研究中具有重要的意义，因为语言本身具有一定的主观性和复杂性，不同评价者可能会有不同的观察、理解和评判标准。维持评价者信度能确保评价结果的可靠性和准确性，从而增强研究的可信度。

在语言研究中，评价者信度的评估可以应用于多个领域和任务，例如：

（1）语言测试评估：在语言测试中，评价者信度的评估可以确保不同评价者对考生评分的一致性。常见的评价者信度方法包括计算评价者之间的相关系数（如皮尔逊相关系数，Pearson Correlation）或使用一致性系数（如 Kappa 系数）来度量评价者的一致性。

（2）语言标注任务：在语言标注任务中，评价者信度的评估可以确保不同评价者对语言样本的标注结果一致。例如，在语音识别任务中，评价者对语音录音的转写结果应该是一致的。评价者信度可以通过计算标注者之间的一致性来评估，如计算转写结果之间的相关系数或使用一致性系数。

（3）语料库研究：在语料库研究中，评价者信度的评估可以确保不同评价者对语料库中的语言特征、语言现象或语法结构的注释一致性。评价者信度的评估方法可以根据具体任务和注释类型而有所不同，包括计算相关系数、一致性系数或使用统计指标（如一致性百分比）来评估评价者之间的一致性。

由此可见，评价者信度的评估需要根据具体研究任务和测量工具选择适当的方法，并确保评价者受到适当的培训和指导，在减少主观误差的同时，提高一致性。维持评价者信度可以增强语言研究的可靠性，提高数据的质量，并为后续分析和解释提供可靠的基础。

2. 研究工具信度（Instrument Reliability）

在语言研究中，研究工具信度是指用于测量语言现象、语言能力或语言行为的测量工具的一致性和稳定性。通常用来评估研究工具在不同时间、不同评估者或不同测量条件下是否能够产生相似的测量结果，关注的是工具本身的测量精度和一致性，而不涉及测量结果与实际情况之间的准确性。研究工具可以是问卷调查、观察量表、语言测试等。

常见的研究工具信度评估方法包括以下几种：

(1) 测试—重新测试信度（Test-retest Reliability）：通过在一段时间后重新进行测试，比较两次测试结果的一致性。例如，在语言能力测试中，同一组被试者在两次测试中的得分之间的相关性可用于评估测试-重新测试信度。

(2) 内部一致性信度（Internal Consistency Reliability）：用于评估研究工具内部各项指标之间的一致性。常见的方法包括计算克隆巴赫系数（Cronbach's Alpha）或分半信度（Split-half Reliability），这些方法可以反映出测量工具中各项指标之间的相关性。

(3) 评价者间一致性（Inter-rater Reliability）：关注的是不同评价者在使用同一测量工具时的一致性程度。通过计算不同评价者之间的相关系数来度量评价者间的一致性，从而确保不同人在测量、记录、评价或观察时能得出相似的结果。在对文本、言语或行为进行评价的一些主观测量中，评价者间一致性值得特别关注。

通过评估研究工具的信度，研究人员可以确定工具的可靠性和稳定性。高度可靠的研究工具能够提供一致性的测量结果，增强研究的可信度和有效性。研究人员在设计研究时应关注研究工具的信度，并采取适当的步骤来提高信度水平，如明确操作定义、培训评估者、使用标准化程序等。

(三) 效度（Validity）介绍

在量化研究中，必须考虑的第二个因素是有效性。无论研究者的测量对象是什么，一定都希望结果是尽可能准确的。效度用来表示研究工具所测量的概念或现象的准确性和适用性程度。研究的效度能够评估研究工具是否能正确地衡量所要研究的变量或概念，以及该工具是否具有适当的解释和推断能力。

(四) 效度分类

这一部分涉及六种与语言研究相关的效度类型，分别是内容效度、表面效度、准则效度、结构效度、内部效度以及外部效度。它们主要描述测量工具与所要研究的概念或现象之间的关联程度。

1. 内容效度(Content Validity)

内容效度,顾名思义,指的是测量工具是否包含了所要研究的概念或现象的全部内容和要素,用来评估测量工具是否能够全面、准确地反映研究领域或概念的特征。因此,评估内容效度是确保测量工具与研究问题关系紧密且完整的重要步骤。语言研究中评估内容效度的常见方法包括:

内容分析(Content Analysis):通过对文本、语音或其他语言相关数据的系统分析,来确定测量工具的效度。

专家评估(Expert Judgment):请相关领域的专家对测量工具的内容进行评估。专家可以根据其经验和专业知识,评估测量工具的适用性和相关性。

预测试(Pilot Testing):在正式使用测量工具之前,进行小规模的预测试,并通过采集被试的反馈,进行内容的调整。

2. 表面效度(Face Validity)

表面效度是指测量工具表面上看起来是否能够有效地测量所要研究的变量或概念。它是一种主观的评估方法,用于初步判断测量工具是否在概念上与所研究的变量相关联。

例如,研究者设计了一个问卷来评估学生对于某种教学方法的态度。在评估问卷的表面效度时,可以考虑的因素包括:目标符合度,即问卷是否包含了与教学方法相关的问题和方面;领域涵盖度,即问卷是否涵盖了该教学方法的关键特征和变量;表达方式,即问卷中的问题是否以清晰、简明的方式表达,使学生易于理解。

3. 准则效度(Criterion Validity)

准则效度是评估一项测量工具与某个已被接受为准则的标准之间的相关性或一致性的程度。简而言之,它衡量了测量工具能够准确预测、估计或关联目标变量的能力。

准则效度可以分为两种类型:

预测效度(Predictive Validity):测量工具与将来的结果或表现进行比较,以确定其能否准确地预测未来事件或行为。例如,研究人员可以使用一个语言测试来预测学生在语言学习中的表现,然后将测试结果与学生的实际表现进行比较，以评估测量工具的预测效度。

依据效度(Criterion-related Validity)：测量工具与一个已知标准进行比较，以确定它们之间的相关性。这个已知标准可以是另一个已被广泛接受的测量工具、专家评估结果或其他可靠的参考标准。例如，有一个新开发的口语评估工具，用于评估学生的口语流利程度。为了评估该工具的准则效度，研究人员可以将工具的评分与专家评估的结果进行比较。如果工具的评分与专家评估的结果高度相关，那么可以认为该工具具有较高的准则效度，即能够准确评估学生的口语流利程度。

4. 结构效度(Structural Validity)

结构效度关注的是测量工具的内部结构是否与理论预期一致。在语言研究中，结构效度可以通过因素分析来评估。因素分析是一种统计技术，用于确定测量工具中的潜在因素或维度。例如，假设有一个语言能力测量工具，用于评估学生的语法、词汇和听力能力，为了评估该工具的结构效度，研究人员可以使用因素分析来确定这三个维度是否是独立且相关的。如果因素分析结果显示这三个维度分别形成了不同的因素，并且与理论预期一致，那么可以认为该工具具有较高的结构效度，即能够准确反映语言能力的内部结构。因此，评估结构效度的过程通常涉及收集大量的数据，并进行因素分析、验证性因素分析或结构方程模型等统计分析方法。

5. 内部效度(Internal Validity)

内部效度是评价一个实验是否成功的指标之一，指所操纵的变量所引起的实验结果，是用来评估研究设计是否能够提供有力的证据来支持因果关系推论的一种效度类型。

如果一项实验中，应该控制的因素没有得到适当的控制，导致分不清获得的因变量变化是来自自变量还是其他因素，或是两者兼而有之，这就说明该项实验在内部效度上的失效。影响一项研究内部效度的因素很多，我们介绍几个主要的因素：

(1) 被试差异(Subject Variability)：被试的选择会对实验结果产生影响。为了使研究具有普遍适用性，也就是适用于研究所涉及的总体，我们需要假设所研究的人群代表了目标人群。为了实现这种代表性，可以采用的方法包括随机抽样或将被试随机分配到实验组和控制组中，避免被试的差异性影响整体实验结果。

(2) 被试群体规模(Size of Subject Population):被试的样本大小也会对实验结果产生影响。研究中的小样本群体往往会放大个体差异的影响,扭曲实验结果。一般来说,样本群体越大,个体差异或其他与总体相关的变量对结果的影响就越小。

(3) 持续时间(Time Allotted or Data Collection or the Experimental Treatment):所有的研究都是在实时中进行的,持续时间用于指代数据收集或实验处理的时间长度。语言相关的很多研究,都是随着时间的推移发生的,因此,无论是在课堂上进行的语言习得观察还是语言实验,都需要预留时间来收集数据或让被试参与实验。因此,研究者需要明确时长要求,从而确保研究效果。例如,约翰逊进行了一项关于同伴互动效应的研究,让学习英语的孩子白天与以英语为母语的孩子互动。五周后,学习英语的孩子接受了语言能力测试,结果发现孩子们的成绩没有显著提高。约翰逊对她的研究结果进行了多个解释,其中一个可能的因素就是持续时间,也许五周的时间远远不够,同伴互动效应需要在更长的时间中才能显现出来。

(4) 历史、实验损伤和成熟(History, Attrition and Maturation):历史指时间的推移对实验的负面影响。假设研究人员正在调查一种教学方法对学生的写作能力的影响,但在研究期间,举行了一次全校性的写作比赛,参与该比赛的学生都接受了额外的写作指导和训练。这个历史事件就可能会对研究结果产生影响,因为那些参与了比赛的学生,他们在写作方面的提升,可能不只受到研究中教学方法的影响。为了控制历史的影响,研究者可以在研究设计中引入一个控制组,该组不接受任何干预或教学方法,以便与受到历史事件影响的实验组进行比较。

实验损伤指被试在研究过程中退出或丢失的情况。因为被试的退出可能导致有效样本量的减少,进而影响研究结果。实验损伤的原因多种多样,包括被试的个体因素(如健康问题、时间约束、缺乏兴趣等)、研究条件或对干预的不适应以及研究者与被试者之间的互动问题等。

成熟指的是被试在研究过程中自然发展或成长导致的变化,这种变化不是由研究处理或干预引起的。例如,研究者想探究幼儿语言发展的时间表,他们通过观察幼儿在不同年龄阶段的语言表现来确定不同语言能力的达成时间。但是幼儿语言能力的变化可能是幼儿自然的成熟过程,而不是因研究中的任何特定干预引起的。

(5) 工具/任务灵敏度(Instrument/Task Sensitivity):主要讨论测试对被试的影响。在语言研究中,预测试在掌握两组被试的起点的同时,也会让被试对实验的内容和之后正式测试的形式有所熟悉，增加了他们的敏感性，也就是所谓的测试效应(Test Effect)。预测试也可能会产生练习效应(Practice Effect)。预测试的进行等同于给被试一次练习的机会，使其获得更多的经验和应对技能，导致最后的结果面临失效的可能。因而被认为是研究中使用预测试时最大的隐患。例如，研究者想要评估被试识别不同语音的能力，在预测试时，被试可能对不同语音的区分度较低，但随着多次练习，他们可能逐渐提高对语音差异的敏感度和准确性。这种改善的表现可以归因于练习效应，即参与者通过重复练习逐渐改善了相关的语音识别技能。

6. 外部效度(External Validity)

外部效度指研究结果有多大的概括性和代表性。可能影响外部效度的因素主要包括：

(1) 样本特征(Sample Characteristics)：在内部效度的讨论中，被试差异要求实验使用的样本应该具有代表性。而在外部效度的情况下，要求实验中的样本与总体具有相同的特征，即研究样本必须是研究总体的子集。如果研究是针对成年人进行的，那么研究结果往往不适用于儿童。

(2) 被试选择和研究的相互作用(Interaction of Subject Selection and Research)：在语言研究中，实验面临的第一个问题可能是如何找到足够数量的被试。在实验要求被试从正常的日程安排中抽出时间参与长期测试时，这种问题尤其凸显。因此，研究者可能为被试提供相应的报酬。就外部效度而言，被试首先出现了自我选择的问题，也许这些被试身上有一些特质让他们参与进来。那么这部分被试在总体方面有多大程度上的代表性呢？在处理二语学习中的情感因素(如学习风格、态度和动机以及元认知)的研究时，这个问题需要特别注意和分析。

(3) 自变量的描述明确性(The Descriptive Explicitness of the Independent Variable)：要求以清晰且一致的方式定义和操作术语。明确定义变量并尽量减少歧义，对于内部和外部效度都很重要。如果研究者使用不同的定义分析相同的数据，得出的结果将无法比较，而且毫无用处。为了使研究结果能够被推广和应用到更广泛的群体当中，自变量必须尽可能明确地进行描述。

(4) 研究环境影响(The Effect of the Research Environment)：当被试有意识地参与到一项研究中时，其本身的行为可能会受到影响，进而影响研究结果。这也是所谓的"霍桑效应"(Hawthorne Effect)。霍桑是20世纪20年代美国的一家工厂，在进行一项关于改善工作条件与环境因素是否能提高生产的研究时，专家们发现无论工作条件改善还是恶化，生产都呈现增加趋势。究其原因，工人们认为参与这项研究让他们在同事眼中更有威望，所以工作也更有动力。语言学习也是如此。在一项关于语言课堂参与模式的研究中，观察者坐在教室的后排，记录班级学生的发言方式。虽然学生们并不知道研究者的观察目的，但一名学习者敏锐地发现，每当有人发言时，研究者都会记录下什么。于是他开始增加发言次数，而研究者的频繁记录又进一步激励了他的发言次数。可见，这位学习者的反应是基于被观察的事实。那么，如果观察者在课堂中出现的次数足够多、时间足够久，直到学生们习以为常了，这种环境影响因素应该就可以避免或忽略。

(5) 研究者或实验者的影响(Researcher or Experimenter Effects)：研究者在实际研究过程中，或在进行数据收集或评估时，他们的行为、态度、话语、表情等也可能对被试造成某种暗示或影响。例如，研究者可能无意中向被试暗示实验期望得到的反馈类型，也可能通过语气的变化或一些肢体语言无意中向被试提供线索。

(6) 数据收集方法(Data Collection Methodology)：研究者使用的数据收集方法往往反映其观察问题的角度，因而收集的数据对研究结果也有直接的影响。例如，在两个关于语言习得关键期假说的语音研究中，大山(Oyama，1976)选择与非本族语者交谈，录下对话，让本族语者通过听录音的方式，判断非本族语者的发音是否地道；而奥尔森和塞缪尔斯(Olson & Samuels，1973)则选择通过发音测试收集数据，他们让非本族语学习者在语音实验室内进行语音测试。可以想象，两种数据收集方法的差异会带来研究结果的差异，也造成了比较研究的难度。值得注意的是，这并不意味着一种方法一定优于另一种方法。研究者对研究方法审慎选择的同时，也需要明白，每种数据收集方法都包含关于数据性质的潜在理论假设。

(7) 暂时效应(The Effect of Time)：在内部效度部分，我们讨论过时间的影响。有些因变量出现的时间较长，而实验的时间较短，目标数据出现在研究计划的时间范围之外。对于外部效度来说，实验效应产生得较快时，数据会显示出强烈的暂时效应，但一段时间以后，这个效应可能消失。那么，将结果应用于现实世界中拥有长期变化的情景时，实验结果是否还具有有效性呢？语言研究涉及较多长期过程，如语言习得、语言教学、语言治疗等，因此，测试时间对于外部效度也有着重要的影响，研究者要注意因变量所测量的学习类型。

在实际研究中，以上介绍的六类效度类型并不是完全独立的，它们往往相互关联。例如，内部效度和外部效度是研究设计的两个方面，与其他效度类型相互关联;准则效度和结构效度通常与内容效度有关,它们都需要确保测量工具能够有效地反映所要研究的概念。因此,在设计和评估测量工具时,综合考虑这些效度类型可以确保工具的有效性和可信性。

第二节 统计分析

统计分析是定量研究的一个重要分支,这里主要介绍语言研究数据中常用的统计分析方法及辅助工具。本节的第一部分讨论统计学的基本概念,主要包括研究问题与假设,总体、样本、抽样与抽样误差,描述统计与推断统计,统计量、参数及参数检验与非参数检验的基本概念,从而进一步介绍假设检验、显著水平以及效应量的相关概念及应用。本节的第二部分主要结合不同的案例和应用介绍了两组数值的检验方法,包括参数检验中的独立样本 t 检验和配对样本 t 检验,非参数检验中的 Mann-Whitney U 检验和 Wilcoxon 配对符号秩次检验,涵盖其基本概念和使用的前提条件,并结合具体案例分析 SPSS 中的操作步骤及输出数据的意义。但是,在研究一个(或多个)分类型自变量与一个数值型因变量之间的关系时,两组数值的检验方法有时无法完全满足定量研究与分析,进而需要掌握三组或以上独立数值间的比较方法。因此,本节的第三部分重点讲解方差分析,包括其相关术语的导入、基本思想和原理,同时结合实例讲解单因素方差分析和 Kruskal-Wallis H 检验以及实验设计的基本知识,并用 SPSS 图表及数据进行解读。本节的最后两部分着重讨论了相关分析和回归分析,在两变量之间的线性关系且共变的基础上,进一步探讨变量间的解释与预测关系。这些统计学中的分析方法与案例剖析在语言研究中都具有非常大的实用性和可操作性,能够帮助研究者掌握具体的分析工具、进行结果分析与解读,为语言研究提供科学的数据统计与支持,使语言研究的结论更加客观、可靠。

一、统计学的基本概念

本节将介绍统计学中的一些基本概念,包括研究问题与假设,总体、样本、抽样与抽样误差,描述统计与推断统计,统计量、参数及参数检验与非参数检验的基本概念,从而进一步介绍假设检验、显著水平以及效应量的相关概念。

(一) 研究问题与研究假设(Research Question and Research Hypothesis)

确定研究问题是进行科学研究的第一步,也是极为重要的一步,需要根据研究目的选择合适且恰当的研究问题,从而在研究问题的基础上进一步提出研究假设进行研究。

1. 研究问题(Research Question)

“研究”一词出自刘义庆的《世说新语·文学》,即主动寻求根本性原因与更高可靠性依据,从而为提高事业或功利的可靠性和稳健性而做的工作。科学研究最常用的研究方式是实证研究。实证研究基于研究问题和研究假设,通过研究者的观察、实验、调查等方法,搜集数据并对数据进行定性和定量分析,推断或演绎问题的本质和发展规律。

选择问题即选定研究的专门问题,这是科学研究的第一步,也是重要的一步。因为问题的选择不仅规定了研究的方向和内容,也同时决定了研究工作应采取的方法和途径,必须慎重对待。如何着手选择一个研究问题呢?首先,应该处理好选题的几个关系。

(1) 把握科研方向与个人兴趣的关系

科学研究需要兴趣,兴趣是进行艰苦的科研工作的动力源泉。然而,完全从兴趣出发,忽略科学研究的大方向,效果常常会事倍功半。因此,科研兴趣应在科学研究的大方向的指导下培养和发展。我国的科学研究从中央到地方都有研究规划和指南,围绕着这些规划和指南选题,不仅可以得到一定的资助,而且可以集中力量有所突破。

(2) 注意理论研究与应用研究的关系

理论研究是在统计分析的基础上,对调查资料进行有系统的思维加工,是多种思维方法的综合运用,其直接目的在于从调查资料中引出理论、观点,并对研究假设进行检验。而应用研究是为获取新知识而进行的创造性研究,主要针对某一特定的目的或目标。应用研究是为了确定基础研究成果可能的用途,或是为达到预定的目标探索应采取的新方法。因此我们既要注意克服偏重理论的思辨研究,对实践问题不够关心的倾向,也要避免应用研究急功近利,缺乏理论指导且处于低水平的现象。

(3) 注意冷题、热题与一般问题的关系

科学研究的冷题、热题很多,研究起来有新意,相对容易出成果,但如果仅仅只热衷于追热点、选冷题,最终将导致研究成果的零碎肤浅,很难形成系统深厚的理论根基。因此，在一定时期内，研究者需要稳定一个研究方向，并在这个方向不断延伸，才能在一定领域中取得丰硕成果。

(4) 把握一个好的选题的基本特点

好的选题必须有科研价值，即或在理论上有新突破，或在实践上对改革有重要指导作用，或二者兼而有之。选题必须具体明确，即问题的界限清楚、针对性强；好的选题必须有可行性，即根据现有的资料、设备、人力、知识、经验等主客观条件的发展成熟程度，恰当选择提出问题的时机和角度。

(5) 注意克服选题中的几种不良倾向

一是内容宽泛，无从着手；二是主攻目标模糊不清；三是问题太小，意义不大；四是以现有条件研究困难，资料缺乏。

总之，正确地选题并非一蹴而就，它不仅要求研究人员具备一定的理论基础，而且要从实际出发，善于观察问题、发现问题，以及通过对事实材料的分析比较，从中不断发展自己的选题能力。

要保证研究结果的可靠性，首先必须获取可靠的数据，因此如何获取有效可靠的数据是一项研究需要考虑的中心问题，也是研究成败的关键。为此，研究者在开始一项研究之前就必须考虑设计的问题，对整个研究过程予以周密的计划和考虑，对每个环节都按照科学的要求制订出实施计划，对可能出现的问题要提出预防措施。

具体来讲，对于分析性的、演绎性的、假设检验性的，对研究环境控制与操纵较为严格的研究，至少要考虑以下几个方面：

① 对所要研究的问题涉及的主要方面(变量)及其关系加以界定；

② 提出明确的假设；

③ 确定研究的具体步骤和方法；

④ 选取有代表性的样本(包括样本的结构、性质与大小)；

⑤ 操纵和控制适当的因素或变量。

只有严肃认真地考虑以上因素，才能保证我们所研究的确实是我们想要研究的现象，才能保证研究结果不受或少受无关因素的干扰，进而保证数据的可靠性以及研究结论的适用性。显然，没有严肃周密的设计，就无法获取有意义、有价值的数据，那么进一步的统计分析也就没有多大意义了。从另一个角度来讲，在考虑研究设计时，也要同时考虑统计的问题，即将来准备用什么统计方法分析数据。否则，即使数据本身非常可靠，如果设计不符合统计方法的要求，就会找不到合适的统计方法进行分析，得到的数据则意义不大。总之，任何研究都要慎重考虑研究的方法和步骤以及统计分析的问题，力求科学、有效而又经济地实现其研究目的，否则只能意味着时间、人力、物力和财力的浪费。

2. 研究假设(Research Hypothesis)

形成研究假设，即根据已有的事实和资料，设想出有研究价值的问题的因果或结论。假设的功能在于，它不但是一种带有方向性的有待验证的想象，而且它还影响着确定研究活动的过程组织、研究逻辑和选择研究途径。假设不是无目的的胡思乱想，而是把大脑思索的范围限制在所研究的问题上，从而使研究人员探索的目标更加有的放矢。一旦形成假设，研究人员可以根据确定的目标，在限定的范围内有计划地设计、操作一系列的研究活动。因此，假设是教育科学研究探索的必经阶段，是准确把握教育规律的正确途径和有效手段。

实验研究是一个检验假设的过程。研究假设是研究者根据经验事实和科学理论对所研究的问题的规律或原因作出的一种推测性论断和假定性解释，是在进行研究之前预先设想的、暂定的理论，简单地说，即研究问题的暂时答案。研究假设主要分为描述性假设、解释性假设、预测性假设、内容性假设。研究假设是一个能够验证真假的陈述，一般用于比较规范的验证性的量化研究之中。

要提出一个好的假设，必须注意把握科学合理假设的主要特点。一般而言，好的科学研究假设，一是具有科学性，即假设的提出要合乎规律，合乎逻辑，是建立在已有的科学理论或事实的基础上，而不是毫无事实根据的推测和臆断；二是具有明确性，即假设要以清晰、简明、准确的陈述方式，说明两个或两个以上变量间的期望关系，切忌宽泛、冗长、模糊；三是具有可检验性，即对现象间的期望关系能为研究及以后的实践所证实，这是科学假设的必要条件。

(二) 总体、样本、抽样与抽样误差

本节将具体介绍总体与样本这一对概念，从而引出抽样的相关概念及众多抽样方法，在选择抽样方法时要根据不同的研究需求合理选择最为合适的一种。同时，在抽样过程中会产生一些抽样误差，这是不可避免的。

1. 总体与样本(Population and Sampling)

总体是作为研究对象的任何个体的集合或目标群体(李绍山，2008)。换个角度而言，总体是特定研究对象的全部个体的总和，是特定的研究标量所有个体数值的全体(马广惠，2003)。例如，要研究中国大学生英语四六级考试翻译中分译的情况，则所有中国大学生的所有四六级翻译文本为总体；要调查使用者对某本教材的使用建议，则所有使用过该教材的院校及个人为调查的总体。

总体可以因研究而异，不同的研究问题、研究目标和研究对象决定了研究总体的规模，总体的研究范围可大可小。例如，总体可以是“国内所有英语专业的学生”，也可以是“国内 2022 级英语专业的学生”，还可以是“国内某校 2022 级 3 班英语专业的学生”。再例如，想要对中国硕士研究生的学术英语需求进行分析，则中国所有在校硕士研究生的学术英语需求分析是研究总体。如果想要缩小研究范围和规模，改为中国理工科硕士研究生的学术英语需求分析，那研究总体则变为中国所有在校理工科硕士研究生的学术英语需求分析。需要注意的是，在实证研究中，研究人员要注意界定研究总体，只有先确定研究总体，才能根据研究总体确定下一步的研究样本、抽样范围和方法。

在外语研究和外语教学研究中，要了解某种语言现象或者语言习得现象的特征，并且保证研究结果的可靠性和适用性，最理想的结果是把总体中所有的个体都累加起来进行研究。但是，总体的范围可大可小，如果总体非常小，逐个累加所有的个体是可以做到的；如果总体非常大，甚至趋近于无限，无疑需要花费大量的时间和精力去逐个收集每个个体的资料，在许多情况下，由于受到各种条件的制约，我们无法做到对所有个体逐一考察，这不但不切实际，而且也没有必要。

因此，在进行研究时，从总体中抽取一部分，作为研究总体的资料，这一部分资料称为样本（马广惠，2003）。当总体的范围非常大时，只能通过一定的手段，按照一定的规则，抽取总体的一部分作为样本，通过样本分析的结果，推测总体特征。例如，研究中国大学生的英语词汇水平，从人力、物力、财力和时间上讲，收集中国每一个在校大学生的英语词汇水平是不切实际的。我们只有随机抽取可操作数量的高校，再从这些高校抽取可操作数量的学生，然后收集和研究这部分学生的英语词汇水平，从中得出关于中国大学生英语词汇水平的整体结论。注意，要对总体做出可靠的有效的判断，所抽取的样本必须具有代表性，样本的构成、结构、特点等要接近总体，不能具有太大的偏向性，否则研究结果会出现偏差。

2. 抽样（Sampling）

抽样是从某个特定的总体中抽取具有代表性的样本，用于对总体特征做出推断的方法（马广惠，2003）。抽样分为两大类，一类是随机抽样，一类是非随机抽样。

(1) 随机抽样（Random Sampling）

所谓随机抽样并不是说抽取样本的过程是杂乱无章的，而是指总体中的每个个体被抽中的概率是相同的，即有同等的机会在样本中得到体现（李绍山，2008）。

随机抽样的原则是:第一,总体中的每一个个体都应该有同等被选中的机会,或者说有相同的被选中的概率;第二,任何个体的抽取与其他个体的抽取没有任何关系,它们之间相互独立,彼此间无一定的关联性和排斥性。为了保证总体中每一个个体被抽取的机会相等,就必须排除任何人为因素的影响,在没有人们主观意志和主观倾向干涉的情况下,让抽取工作由机遇规律来支配。否则,抽样结果将不能代表总体并且反映总体的特征。

最基本的随机抽样方法有以下四种:简单随机抽样、分层随机抽样、等距随机抽样和整群随机抽样。每一种抽样方法都有利弊。有些方法简单实用,有些则能够减少抽样误差。

① 简单随机抽样(Simple Random Sampling)

简单随机抽样就是从包括总体 N 个单位的抽样框中随机地、一个一个地抽取 n 个单位作为样本,每个单位的入样概率是相等的(贾俊平,2009),也可称为单级随机抽样,以别于多级抽样(李绍山,2008),一般包括抽签法和随机数表法两种。

a. 抽签法(Drawing Lots):抽签法就是先将总体中的每一个元素(或个体)都编上号码,然后把号码写在签上,把签充分混合后,从中随机抽取 n 个签,则与签上号码相对应的 n 个元素(或个体)就组成了一个样本容量为 n 的样本(韩宝成,2000)。具体做法为,先将总体中的所有个体编号(如号码可以从 1 到 50),并把号码写在形状、大小相同的号签上,号签可以用小球、卡片、纸条等制作,然后将这些号签放在同一个箱子里,进行均匀搅拌。抽签时,每次从中抽出 1 个号签,连续抽取 30 次,就得到一个容量为 30 的样本。对个体编号时,也可以利用已有的编号,例如从全班学生中抽取样本时,可以利用学生的学号、座位号等。抽签法简便易行,当总体的个体数不多时,适宜采用这种方法。

b. 随机数表法(Random Number Table):如果总体太大,使用抽签法就会非常费时费力,这时可采用随机数表法来进行抽样。随机数表法,即利用随机数表作为工具进行抽样。随机数表是由统计专家根据随机化原则编制的一种数字表(韩宝成,2000)。随机数表又称乱数表,是将 0 至 9 的 10 个数字随机排列成表,以备查用,随机号码产生器通常是利用计算机或计算器输出随机号码,SPSS 也有这样的功能。其特点是,无论横行、竖行或隔行读均无规律。因此,利用此表进行抽样,可保证随机原则的实现,并简化抽样工作。其步骤是:首先,确定总体范围,并编排单位号码;其次,确定样本容量;再次,抽选样本单位,即从随机数表中任一数码开始,按一定的顺序(上下左右均可)或间隔读数,选取编号范围内的数码,超出范围的数码不选,重复的数码不再选,直至达到预定的样本容量为止;最后,排列中选数码,并列出相应单位名称。

表 3-2 是一个简明随机数码表,表中数码在所有的方向都是随机的。现举例说明基于表 3-2 如何使用随机数表法从 40 个班级中(表 3-3)随机抽取 8 个班级的样本。

表 3-2　简明随机数码表

52697	38970	29998	70062	38148	43587	16259
47976	52979	53053	91313	93745	26639	80646
22869	73262	49957	72396	16235	12301	80241
39941	79498	34358	31712	19323	91579	92994
64081	51118	65198	83041	21389	38536	67675
12317	12409	78315	97827	24091	61161	26224

表 3-3　40 个班级编号后的总体

编号	班级	编号	班级
01	智能采矿 1 班	21	机器人工程 1 班
02	智能采矿 2 班	22	机器人工程 2 班
03	智能采矿 3 班	23	通信工程 1 班
04	应用化学 1 班	24	通信工程 2 班
05	应用化学 2 班	25	通信工程 3 班
06	应用化学 3 班	26	交通工程 1 班
07	应用化学 4 班	27	交通工程 2 班
08	机械电子工程 1 班	28	数学与应用数学 1 班
09	机械电子工程 2 班	29	数学与应用数学 2 班
10	机械电子工程 3 班	30	数学与应用数学 2 班
11	金属材料 1 班	31	海洋技术 1 班
12	金属材料 2 班	32	海洋技术 2 班
13	金属材料 3 班	33	海洋技术 3 班
14	金属材料 4 班	34	金融学 1 班
15	土木工程 1 班	35	金融学 2 班
16	土木工程 2 班	36	金融学 3 班
17	土木工程 3 班	37	物流管理 1 班
18	地质工程 1 班	38	物流管理 2 班
19	地质工程 2 班	39	安全工程 1 班
20	地质工程 3 班	40	安全工程 2 班

首先，给表3-3中的每一个班级从01到40编号。注意每一个编号的位数应该和总体单元数的位数一样。例如，如果一个总体中单元的个数是300,300是个3位数，那么在给总体的每一个单位编号时，都要用3位数，如第一个单位的编号应该是001。表3中的数值总数是40，为两位数，因此每个班级的编号需要两位数，需要从01到40编号。

抽样的目的是从40个班级中抽取8个班级，也就是说，要从随机数码表中选取8个不同的两位数数码。因为这个总体只有40个班级，所以大于40的号码都必须放弃。需要注意的是，重复的数码需要跳过至另一个数码。

在表3-2随机数码表中，可以随机选取一个位置开始，根据预先确定的方向，如从上到下或从左到右，开始选取号码。比如随机选取的位置是表3-2第二行第四列的第一个"3"上，预先确定的方向是横向，那么第一个两位数是31，因为31小于40，所以是可以选用的。31对应的班级是表3-3中的"海洋技术1班"，对应总体中的第一个抽样；下一个两位数是39，同样小于40，对应的班级是"安全工程1班"；第三个两位数是37，对应的班级是"物流管理1班"；第四个两位数是45，由于45大于40，故舍去；第五个两位数是26，对应的班级是"交通工程1班"；第六个两位数是63，第七个两位数是98，均大于40，故舍去；第八个两位数是06，对应的班级是"应用化学3班"；第九个两位数是37，重复出现过，所以跳过去；第十个两位数是22，对应的班级是"机器人工程2班"；下面两个数86和97都大于40，故舍去；下一个两位数是32，对应的班级是"海洋技术2班"；接下来的四个两位数62、49、95和77都大于40，故舍去；下一个两位数是23，对应的班级是"通信工程1班"。通过以上步骤，完成抽取8个班级的样本的任务，样本中的班级请详见表3-4。

表3-4 样本班级

样本	班级
1	海洋技术1班
2	安全工程1班
3	物流管理1班
4	交通工程1班
5	应用化学3班
6	机器人工程2班
7	海洋技术2班
8	通信工程1班

综上所述，当目标总体容量不大的时候，可以考虑使用简单随机抽样的方法。但如果目标总体的容量很大，对总体编号比较困难，使用简单随机抽样的方法就会效率低下，可行度低。

② 分层随机抽样(Stratified Random Sampling)

分层随机抽样，又称类型随机抽样，它是先将总体各单位按一定标准分成各种类型(或层)；然后根据各类型单位数与总体单位数的比例，确定从各类型中抽取样本单位的数量；最后，按照随机原则从各类型中抽取样本。分层抽样的具体做法是按照总体已有的某些特征，将总体分成几个不同的部分，每一部分称为一层，然后再分别在每一部分中进行简单随机抽样(韩宝成，2000)。例如，我们要研究学生的性别(自变量)是否会对外语学习(因变量)产生影响，因此所抽取的样本必须既包括男生也包括女生。这时我们可以先把所定义的总体分为男生和女生两部分，然后再在这两部分中分别随机抽取一定量的男生和女生，组成所要研究的样本。

分层随机抽样的优点是，它适用于总体单位数量较多、内部差异较大的调查对象。与简单随机抽样和等距随机抽样相比较，在样本数量相同时，它的抽样误差较小；在抽样误差的要求相同时，它所需的样本数量较少。分层随机抽样的缺点是，必须对总体各单位的情况有较多的了解，否则无法做出科学的分类。而这一点在实际调查之前又往往难以做到。

分层随机抽样的关键是分类的标准要科学，要符合实际情况，许多复杂的事物还应该根据多种标准做多种分类或综合分类。分类的结果必须是每一个单位都归属于某一类，而不允许既可属于这一类、又可属于那一类，也不允许互相交叉或有所遗漏；各类型单位的数量之和必须等于总体单位的数量，而不允许大于或小于总体单位的数量。比如，我们要了解某高校 100 个不同专业的班级英语课学习情况，决定采取分层随机抽样法抽取 20 个班级作为样本进行调查，其具体做法是：首先，将这 100 个班级按文理科类型分为两类，假定文科班级 40 个，理科班级 60 个。其次，按各类班级在总体中的比重，确定各类班级抽取样本单位的数量；其中，文科班级占总班级 40%，按比例应抽取文科班级 8 个；按同样方法计算，理科班级中应抽取 12 个。最后，采用简单随机抽样或等距随机抽样方法，从各类班级中抽出上述数量的样本单位。

③ 等距随机抽样(Systematic Random Sampling)

等距随机抽样，也称为系统抽样、机械抽样，是先将总体中各单位按一定顺序排列，根据样本容量要求确定抽选间隔，然后随机确定起点，每隔一定的间隔抽取一个单位的一种抽样方式，是纯随机抽样的变种。被抽取项可以按照下列公式进行计算：

$$K = N/n$$

其中，N =总体容量，n =样本总量，K =抽样间距。

假如从一个按字母顺序排列的包含4 500词的词汇表中抽取100个词，那么就可以根据上述公式，用等距抽样的方法抽取样本。这时，总体容量为4 500，样本容量为100，那么抽样间距 K =4 500/100=45。决定了抽样间距之后，再决定从词汇表中的什么地方开始抽样。这时可以在随机数码表上，从1至45值之间随机选一个值，作为起始点。假如选定的是9，那么就从第9个词开始，然后选第54个词、第99个词、第144个词，依此类推，直到抽够100个词。

④ 整群随机抽样(Cluster/Area Random Sampling)

整群随机抽样，也称集团随机抽样，即在总体中，不是抽取个别样品，而是把总体按其自然形态分成互不重叠的若干小群体(马广惠，2003)。随机抽取整群的产品，一旦抽到某个小群体，那么这个小群体中的每个个体都称为样本中的单位。这种方法是先将总体按某个标志(如企业、车间、班组、工序或一段时间内生产的一批零件等)分成若干群，然后随机地抽取若干群，并由抽中的群中的所有个体组成样本。例如，对某种产品抽取5%的抽样检查，每隔20小时抽出1小时的产量组成样本，然后对这些抽出来的样本进行质量检查并推断总体的质量情况(整群随机抽样，2022)。再如，调查某个城市的中学生的平均英语词汇量，可以将这个城市分成许多区域，然后随机抽取某个区域，并对该区域中的中学生逐一进行词汇量测试，计算出他们的平均词汇量，以作为该市所有中学生平均词汇量的估计值。当总体单位分布区域比较广泛，或总体单位分布比较均匀的时候，使用整群抽样比较节省时间和费用。

(2) 非随机抽样(Non-random Sampling)

非随机抽样，指研究者根据自己的专业知识、经验、态度或观点来确定调查对象或抽取样品的抽样方法。如统计调查中的重点调查、典型调查。非随机抽样与随机抽样不同的是，总体中每一个个体被选中的机会不等，有的个体被选中的机会大些，有的被选中的机会小些。非随机抽样一般是根据主观判断、特定条件或便利程度选取样本(马广惠，2003)。非随机抽样有三种方法：便利抽样、判断抽样和定额抽样。

① 便利抽样(Convenience Sampling)

便利抽样指研究人员根据方便选取样本(马广惠，2003)。在研究实践中，基于研究条件的限制，往往无法进行随机抽样。研究者可采用现有的、可能使用的被试资源来进行研究，采取就近的原则采集样本。例如外语教师可以用自己教的学生作为研究对象，收集数据。研究者还可以招募志愿者作为其研究样本，也可以利用手头现有的资料，如课本、测试卷、学生的作文或其他一些出版物，作为研究外语语言现象或外语习得现象的样本。

② 判断抽样(Judgment Sampling)

判断抽样指研究者依据其做出的一种抽样前判断来抽取样本(马广惠，2003)。他的抽样前判断是“将要抽取的样本具有代表性”。这种判断源自于研究者对研究总体的认知，对以往相关研究的了解和对研究方法的熟练掌握程度。当研究人员对自己的研究领域十分熟悉，对调查总体比较了解时采用这种抽样方法，可获取代表性较高的样本。这种抽样方法多应用于总体小而内部差异大的情况，以及在总体边界无法确定或因研究者的时间与人力、物力有限时采用。例如，社会学家研究某国家的一般家庭情况时，常以专家判断方法挑选“中型城镇”进行研究；也有家庭研究专家选取某类家庭，如选三口之家(子女正在上学的)进行研究。再如，一位研究者对非英语专业学生英语写作能力很感兴趣，那么他可根据主观判断，选择一所他认为具有代表性的非外语类高校。这所高校在所有高校的排行榜中大概位于中间位置，既非重点院校，又非一般普通高校。他用该校学生的英语写作水平估计非外语类高校非英语专业学生的英语写作水平。

判断抽样法具有简便易行、符合调查目的和特殊需要、可以充分利用调查样本的已知资料、被调查者配合较好、资料回收率高等优点。但该类抽样结果受研究人员的倾向性影响大，一旦主观判断偏差，则易引起抽样偏差。基于这种情况，要充分发挥判断抽样法的积极作用，对总体的基本特征必须相当清楚，做到心中有数。这样，才可能使所选定的样本具有代表性、典型性，从而透过对所选样本的调查研究，了解和掌握整个总体的情况。

③ 定额抽样(Quota Sampling)

定额抽样又称配额抽样，是先将总体按一定的标准分类，根据总体的结构特征来给调查人员分配定额，然后确定每一类中的抽取数目，以取得一个与总体结构特征大体相似的样本。例如，根据人口的性别、年龄来给调查人员规定不同性别、年龄的被调查人数，以此来反映总体的信息特征。使用这种抽样方法的关键是要对总体元素的结构特征具有准确的认识，这样才能确定好定额，从而把握好样本的代表性。

定额抽样从每一类中抽取样本时，不是按照随机的原则，而是根据主观判断，自由选择一些个体组成样本。例如，我们想在某高校调查学生的英语学习动机，可以根据学生的年级和性别分类，抽取样本。假如事先确定样本量为

200,其中四个年级中的每个年级分别占25%,且可以根据学校男女的比例,确定男生的比例为55%,女生的比例为45%。这就是定额抽样,研究者在定额之内可以自由选择研究对象。

3. 抽样误差(Sampling Error)

抽样误差是由于抽样的随机性引起的样本结果与总体真值之间的误差(贾俊平,2009)。抽样误差是抽样理论的一个重要概念,是指在遵循随机原则的条件下,用样本指标代表总体指标而产生的不可避免的误差。由于总体平均数、总体成数(总体百分比)是确定的,而样本平均数、样本成数是随机变量,因而抽样误差也是一个随机变量。抽样误差越小,说明样本的代表性越高;反之,样本的代表性越低。同时抽样误差还说明样本指标与总体指标的相差范围,因此,它是推断总体指标的依据。

通常影响抽样误差的因素有以下几个:

① 抽样单位的数量。在其他条件不变的情况下,抽样单位的数量越多,抽样误差越小;抽样单位数量越少,抽样误差越大。这是由于随着样本数目的增多,样本结构越接近总体,抽样调查也就越接近全面调查。而当样本数目扩增到总体数量时,就变为全面调查了,也就不存在抽样误差了。

② 抽样方法的选择。重复抽样和不重复抽样的抽样误差的大小不同。采用不重复抽样比采用重复抽样的抽样误差小。

③ 抽样组织方式不同。不同的抽样组织方式,会产生不同的抽样误差,这是因为不同的抽样组织所抽中的样本,对于总体的代表性不同。

抽样误差是统计推断固有的,是不可避免的,但可以通过数学公式进行计算,从而确定其具体的数量范围,并通过抽样设计程序加以控制,因此抽样误差也叫作可控制的误差。

(三) 描述统计与推断统计(Descriptive Statistics and Inferential Statistics)

从统计内容上讲,统计可以分为描述统计和推断统计两个方面。描述统计又包括两个方面,即数据的集中趋势量度和离散趋势量度,这两类统计量可以反映数据的基本情况。推断统计主要包括两个方面的内容,即参数估计和假设检验,其中假设检验是推断统计中最重要的一个内容。

1. 描述统计(Descriptive Statistics)

当研究者获取一个样本(或较小的有限总体)的一级数据之后,因为原始数据往往很庞杂,如果把这样的数据报告给学习者,学习者会难以理解数据的意义以及据此所得出的结论,因此要对其进行某种方式的归纳整理(李绍山,2008)。描述统计的作用是对数据进行整理、简化、概括和计算,使之条理化和系统化,以揭示出数据所包含的总体趋势、总体特征或总体数量关系。从另一个角度说,描述统计就是对从某个研究群体收集的数据进行统计分析,从中得出关于这个特定研究群体本身的结论。例如,如果一位教师对一个班的考试成绩进行统计分析,并根据计算出的统计量做出仅与特定班有关的结论,那么他进行的就是描述统计(马广惠,2003)。描述统计的任务之一,就是计算和报告这些反映总体特征的量值。描述统计包括两个方面:数据的集中趋势量度和离散趋势量度。

(1) 集中趋势量度(Measures of Central Tendency)

集中趋势量度是描述数据的方法之一,用于确定和表示一组数据的中心。集中趋势量度有两个基本作用:一是用于描述数据的中心,反映数据的整体特征;二是用于数据组与数据组之间的比较。例如,一位教师可以计算出她所教的每个班级某次英语考试的平均成绩,然后在各个班级之间进行比较,从而了解和掌握学生的整体学习情况和班与班之间的差异(马广惠,2003)。

集中趋势量度用一些能够代表众多数的概括性量值,如众数、平均数和中位数等数值,反映数据的中心(雷蕾,2017)。通过这些量值,可以对语言现象进行初步的估计和预测,也可以对不同语言现象之间进行比较,例如被试的平均成绩是多少?是正分布还是负分布?

① 众数(Mode)

众数是一组数据中出现次数最多的数值(马广惠,2003)。有时众数在一组数中有好几个,一般用 M 表示。一般来说,一组数据中,出现次数最多的数就叫这组数据的众数。例如:1、2、3、3、4 的众数是 3。但是,如果有两个或两个以上个数出现次数都是最多的,那么这几个数都是这组数据的众数。例如,1、2、2、3、3、4 的众数是 2 和 3,叫作双众数。另外,如果所有数据出现的次数都一样,那么这组数据没有众数,如 1、2、3、4、5 没有众数。众数是一种用来表达集中趋势的量,当一组数据出现不同质的数据时,或数据分布出现极端数据时,可以用众数粗略估计该组数据的集中趋势。

② 平均数(Mean)

平均数是指在一组数据中用所有数据之和除以数据的个数的值。平均数又叫算术平均数,它是用来描述次数分布集中趋势最常用的一种方法(韩宝成,2000)。平均数是表示一组数据集中趋势的量数,它是反映数据集中趋势的一项指标。解答平均数应用题的关键在于确定“总数量”以及和总数量对应的总份数。平均数非常明显的优点之一是，它能够利用所有数据的特征，而且方便计算。另外，在数学上，平均数是使误差平方和达到最小的统计量，也就是说利用平均数代表数据，可以使二次损失最小。因此，平均数是一个常用的统计量。但是平均数也有不足之处，正是因为它利用了所有数据的信息，平均数容易受极端数据的影响。比如大家熟悉的跳水比赛评分，为什么要去掉一个最高分、一个最低分呢？通常认为这两个分不是来源于这个总体，不能代表裁判的鉴赏力，因此去掉以后再求剩下数据的平均数。再如在50个学生的成绩中，大部分学生正常，只要有一个0分的学生，平均分就会急剧下降，那么这个平均分就不足以代表该组数据的典型水平。

为了使均值能够更好地代表数据的集中趋势。当数据中有极值时，可以按照一定的百分比(如5%、10%)修剪数据，去掉两端的极值。假如我们按30%的比例修剪下面表3-5中的数据，则可以修剪掉两端6个数值(19×30%=5.7)，每端去掉3个。

表3-5 对下列学生某次期末成绩按30%的比例进行修剪

45	49	53	61	63	63	65	67	67	70	73	73	75	77	77	79	93	95	97

余下的数值为61、63、63、65、67、67、70、73、73、75、77、77、79，其平均值为70，等于中位数，也是众数，这组成绩的数据就可以很好地代表学生某次期末考试的总体水平。

③ 中位数(Median)

中位数又称中数，顾名思义，中位数就是指位于一组数据列中间位置的那个数(韩宝成，2000)。当变量值的项数N为奇数时，处于中间位置的变量值即为中位数；当N为偶数时，中位数则为处于中间位置的2个变量值的平均数。假设有一组数据1、3、5、7、9、11、13，在这组数据中，位于中间的数字是7，所以7是该组数据的中位数。在计算中位数时，注意要先把数组按照从小到大的顺序排列，再取其中间位置的值。如果得到的数据是偶数，那就取其中间的两个数据的平均数，如3、6、7、9、20、21，这组数据的中位数是(7+9)÷2=8。

中位数是集中量数的一种表达形式，其计算比较简单。当一组数据中出现极端数据时，或一组数据的两端有模糊数据出现时，一般用中位数来作为该组数据的代表值，而不能使用平均数。但由于计算时并不是每个数据都加入计算，因此有较大的抽样误差，不如平均数稳定。

上述三个常用的集中量数——众数、中位数和平均数各有利弊。但总的来说,平均数是最为常用的量值。平均数把所有的数值都列在考虑之内,代表性较强,最能反映数据的集中趋势。平均数适合代数运算,而众数和中位数不适合代数运算。另外,在抽样调查中,如果从一个总体中抽出若干不同的样本,比较几个样本的集中量数,可以发现,比起几个样本的众数或中位数,这几个样本的平均数更一致。但是,平均数既然是变量值之和的平均值,就会受到各个变量值的影响,尤其是受极值的影响。所以当一组数据中出现极值时,平均数的代表性就比较差。

当总体的单元数较多,又具有明显的集中趋势时,可以应用众数作为集中趋势的量度。尤其对于同类数据,利用众数,可以直接观察,简易、迅速、方便地确定数据的中心点。但是,当数据没有明显的集中点时,众数对总体就缺乏代表性。

中位数的大小,取决于它在排列数据中的位置,不受极值的影响。因而,当数据中出现少量的极值,大部分变量值比较集中,而且又不必要考虑极值的影响时,可以很方便地利用中位数作为集中量数。对于不能用平均数作为集中量度的定序数据来说,可以用中位数作为它们的集中量度。另外,中位数可以用来考察平均数对数据的代表性。如果平均值大于中位数,说明数据中有极大值;如果平均数小于中位数,说明数据中有极小值;如果平均数与中位数差别过大,可以考虑修剪数据,使平均数更有代表性。

(2) 离散趋势量度(Measures of Dispersion)

尽管集中量数可以较好地描述一组数据的特征,但在实际操作中,有时两组数据的平均数和中位数可能完全相同,但这两组数据之间会存在很大的区别。如以下数据是两组学生的期末英语测试成绩:

A 组:89　89　89　90　91　91　91

B 组:70　80　90　90　100　100　100

这两组数据的平均数和中位数均为 90,但不能简单认为这两组学生的水平是一样的。A 组数据相对比较集中,每个数值与平均数 90 相差无几;B 组中的数据相对分散,参差不齐,反映了数据的离散趋势。离散量数大,说明一组数据内部的差别大;离散量数小,则说明这组数据内部的差异小。数据偏离集中量数的程度越大,集中量数对数据的代表性越低。

鉴于以上原因,在对数据进行描述和比较时,必须既计算集中量数,也计算差异量数。主要的差异量数有两极差、平均差、方差与标准差等。

① 两极差(Range)

两极差也称为全距或极差,是指总体各单位的两个极端标志值之差,一般用

R表示,即R=最大标志值一最小标志值。因此,两极差可反映总体标志值的差异范围。对于未分组数据,只要用最大数值减去最小数值,即可得到两极差。如上例中A和B两组数据的两极差分别为2(91－89=2)和30(100－70=30)。

两极差是最简单也是最粗略的差异量数。它不仅概念简单明了,其计算也直截了当,可以作为对数据分布的初步估计,尤其当分布比较对称、没有非常极端的数值时,两极差能在一定程度上反映数据的差异情况。但是,其局限性也显而易见:由于计算时只考虑两极端的数值,它不能反映中间数值的差异情况,同时也易受两极端异常数值的影响,所以它不仅信息量小,而且不够稳定可靠,因而在对数据进行描述并做出有关结论时,有可能起到误导作用。例如,某个班级的某次考试成绩大都集中在70分左右,但是碰巧一个人考得异常差,得了10分。而另一个考得特别突出,得了100分,因而该班级考分的两极差就为90分,显然该两极差不能真实地反映大部分考分的差异情况。

② 平均差(Average Deviation/Mean Deviation)

平均差指一组数据中各个数值与平均数之差的平均(实质上是用数值离开平均值的距离来表示离散程度),一般用符号AD或者MD表示(李绍山,2008)。平均差是反映各标志值与算术平均数之间的平均差异。平均差越大,表明各标志值与算术平均数的差异程度越大,该算术平均数的代表性就越小;平均差越小,表明各标志值与算术平均数的差异程度越小,该算术平均数的代表性就越大。平均差是基于算术平均数之上的一个差异量效。注意,求平均差时要取离均差的绝对值。

对于未分组数据,首先要计算每个数值的离均差,取其绝对值,然后把所有离均差相加,再除以数值的个数。用公式表示如下:$AD=(\sum|X-X'|)\div N$,其中$\sum$为总计的符号,X为变量,X′为算术平均数,N为变量值的个数。

如10名学生在一次阅读理解练习中,其所得分数分别为9,11,12,12,15,15,16,16,17,18,所以这10名学生的成绩均值为(9+11+12+12+15+15+16+16+17+18)÷10=14.1,其离均差分别为－5.1,－3.1,－2.1,－2.1,0.9,0.9,1.9,1.9,2.9,3.9,将这些离均差的绝对值相加为5.1+3.1+2.1+2.1+0.9+0.9+1.9+1.9+2.9+3.9=24.8,最后用24.8÷10=2.48。最后得数2.48即为上述数据的平均差。综上所述,2.48这一平均差相对较小,表明各位同学的分数与算术平均数的差异程度较小,因此,其算术平均数14.1的代表性相对较大。

平均差显然优于两极差。首先,用数值离开平均数的平均距离来表示数据的分散程度,符合人们的常识,易于理解与接受。同时,它的计算考虑了每一个数值，因而稳定可靠，不易受极端数值的影响，也不易受样本变化的影响。但是由于在计算过程中需要取绝对值等原因，它不适合代数方法的运算，因而在进一步的统计分析中很少使用。

③ 方差（Variance）

方差是各变量值与其平均数离差平方的平均数（贾俊平，2009）。和平均差一样，方差也是用各数值与平均数的平均距离（离均差）来表示离中趋势。假如有一组数据 $X_1, X_2, X_3 \cdots\cdots, Xn$，其算术平均数为 $\bar{X}$，我们依次求出各数值与平均数的差 $(X_1 - \bar{X})$，$(X_2 - \bar{X})$ 等，这些差的平均值能够反映出该组数据的离散程度，但是同计算平均差的情况一样，必须取绝对值，否则其相加就抵消为零。但取绝对值不适合后期更为复杂的代数方法的运算，所以更好的解决方法是把每个离均差（不论正负）都平方，使它们都成为正值。

方差的计算方法和步骤如下：

a. 计算各数值与平均数之差（离均差）；

b. 求离均差的平方；

c. 把平方离均差相加，求“平方和”；

d. 把平方和除以数值的个数，求“方差”。

用公式表示为：$S^2 = \sum (X - \bar{X})^2 \div N$，其中 S^2 为方差，$\sum$ 为总计的符号，X 为数据中任一数值（变量），$\bar{X}$ 为数据的算术平均数，N 为变量值的个数，$(X - \bar{X})$ 为离均差。

例如，计算 5，9，16，17，18 的方差。

a. $(5+9+16+17+18) \div 5 = 13$，则离均差分别为 $-8, -4, 3, 4, 5$；

b. 离均差的平方分别为 64，16，9，16，25；

c. 平方和为 $64+16+9+16+25=130$；

d. 方差为 $130 \div 5 = 26$。

方差广泛用于推断统计的各种计算，例如用于方差分析。方差的计算结果是平方值，所以最后得出的计算单位也是平方单位，如“分数”的平方、“策略”的平方或“年”、“小时”的平方。这样的结果无法按常规来解释或说明，因此，将方差开方，便可以解决这个问题。方差开方得出另一个差异程度测量数——标准差。

④ 标准差（Standard Deviation）

方差的平方根称为标准差（贾俊平，2009）。标准差是离均差平方的算术平均数的平方根，用 σ 表示。标准差在概率统计中常常作为统计分布程度上的测量依据。标准差是方差的算术平方根，能反映一个样本数据集的离散程度。方差和标准差都是测算离散趋势最重要、最常用的指标。标准差与方差不同的是，方差的计量单位和量纲不便从实际意义上进行解释，而标准差和变量的计算单位相同，比方差清楚，所以实际统计工作中多用方差的算术平方根——标准差来测度统计数据的差异程度。

标准差的计算方法和步骤如下：

a. 计算各数值与平均数之差（离均差）；

b. 求离均差的平方；

c. 把平方离均差相加，求"平方和"；

d. 把平方和除以数值的个数，求"方差"；

e. 方差的平方根即为标准差。

用公式表示为：$\sigma=\sqrt{\sum(X-\bar{X})^2\div N}$，其中 σ 为标准差，$\sum$ 为总计的符号，X 为数据中任一数值（变量），$\bar{X}$ 为数据的算术平均数，N 为变量值的个数，$(X-\bar{X})$ 为离均差。

例如，有一组数据为 9、8、6、10、7、5、7、6、3、6，其方差和标准差的计算步骤如下（表 3-6）：

表 3-6 方差和标准差的计算

X	$X-\bar{X}$	$(X-\bar{X})^2$
9	2.3	5.29
8	1.3	1.69
6	−0.7	0.49
10	3.3	10.89
7	0.3	0.09
5	−1.7	2.89
7	0.3	0.09
6	−0.7	0.49
3	−3.7	13.69
6	−0.7	0.49
$\bar{X}=6.7$		$\sum=36.10$

由此，表中数据代入公式为 $\sigma=\sqrt[2]{36.10\div10}=1.9$，所以这组数据的标准

差为 1.9。

再例如,A、B 两组各有 6 位学生参加同一次语文测验,A 组的分数为 95、85、75、65、55、45,B 组的分数为 73、72、71、69、68、67。这两组的平均数都是 70,但 A 组的标准差为 17.078 分,B 组的标准差为 2.16 分,说明 A 组学生之间的差距要比 B 组学生之间的差距大得多。

综上所述,标准差与方差的概念易于理解,适于代数运算,能反映所有数据的差异情况,不易受抽样变动的影响。所以,相比较而言,虽然其计算过程复杂一些,但它们是较为理想的差异量数。标准差与方差实质上是一个差异量数:标准差的平方就是方差,或方差的平方根就等于标准差。二者都是反映一组数据围绕典型值(如平均数)分布的情况。数据中的数值之间差异越大,越分散,与典型值的差异也就越大,数据的标准差或方差的值也就越大;反之,其值就越小;当数据完全没有差异时,所有数值都与典型值相等,这时标准差或方差等于零。

另外,在实践中,如果遇到比较大的数值,在计算标准差时很麻烦,这时可采用简便方法,即:在计算标准差之前,先从各数值中减去一个常数。因为标准差是从各数值与平均数的差的平方计算而来,从原数值中减去一个常数时,也等于从数据的平均数中减去了该常数,所以各数值与平均数之差并没有变。例如,研究者进行眼动翻译研究中,所收集的数据为翻译反应时间,单位为毫秒,因而数值很大,例如 3209、3287、3375、3407,那么在计算标准差之前,可以先从每个数值中减去 3000,这样得出的结果与从原数值直接计算所得的结果完全相同,其计算结果更加容易操作。

2. 推断统计(Inferential Statistics)

推断统计是研究如何利用样本数据来推断总体特征的统计方法(贾俊平,2009)。比如,要了解一个地区的人口特征,不可能对每个人的特征一一进行测量;对产品的质量进行检验,往往是破坏性的,也不可能对每个产品进行测量。这就需要抽取部分个体(即样本)进行测量,然后根据获得的样本数据对所研究的总体特征进行推断,这就是推断统计要解决的问题。前面在讨论样本与总体时谈到,我们所研究的对象的个体往往非常多,甚至无限多,因而由于时间与经济等方面的限制,通常仅能选取部分个体(即样本)加以研究,然后再用适当的统计手段对所有个体(即总体)的情况进行推断。例如,研究人员要研究中国第二语言学习者的学习动机。由于人力、物力、财力和时间的限制,不允许他们对国内每一个第二语言学习者的学习动机进行调查。于是,研究者随机抽查 500 名学习者,以他们的学习动机来推测所有中国学习者的动机。这种以样本推断总体的方法便是推断统计。

推断统计主要包括参数估计和假设检验。

(1) 参数估计(Parameter Estimation)

参数估计,就是根据抽样结果来合理地、科学地估计一下总体的参数大概是什么或者在什么范围之内(韩宝成,2000)。我们经常会依据目前已有的数据来分析推断总体数据的本质规律。也就是说,根据样本数据的相关统计量来推断总体的分布特征。参数估计是统计推断的一种基本形式,同时也是数理统计学的一个重要分支,通常分为点估计和区间估计。

① 点估计(Point Estimation)

所谓点估计就是用样本计算出来的一个数来估计总体未知参数,由于它只是一个点值,所以称之为参数的点估计。点估计是从总体中抽取一定的样本,根据样本的统计量来估计总体的参数值(韩宝成,2000)。通常它们是总体的某个特征值,如数学期望、方差和相关系数等。点估计只依赖于样本,通过样本估计出的值来作为未知参数及其函数的估计值。例如,假设一个班学生英语期末成绩合格率为 y。为了估计 y,从这个班级中随机抽出 n 个学生的成绩,以 x 记其中的合格个数,用 x/n 估计 y,这就是一个点估计。

推断统计的核心就是通过样本数据对总体做出合理的判断,对于参数的点估计来说,就是用样本的平均数来估计总体的平均数,用样本的方差来估计总体的方差。

例如,某高校某班非英语专业一年级的 8 名学生的学术英语词汇能力测试分数如下(表 3-7):

表 3-7 8 名学生学术英语词汇能力测试分数

学生	成绩
1	70
2	71
3	72
4	74
5	74
6	76
7	77
8	78

若求总体的平均数、方差和标准差的点估计，那么我们可以按照上面讲的平均数、方差和标准差的公式进行计算，依次得出样本的平均数$\bar{X}=74$，样本的方差$S^2=8.29$，样本的标准差$\sigma=2.88$。所以，总体平均数的点估计值为74，方差的点估计值为8.29，标准差的点估计值为2.88。

点估计是从总体中抽取一定的样本，根据样本的统计量来估计总体的参数值。但由于抽取的样本不同，导致计算得到的估值也会有所不同。比如，用样本平均数估计总体平均数时，总会有些误差。在有些样本中，样本平均数可能大于总体平均数，而在另一些样本中它又可能会小于总体平均数。因此，如果要做到尽量无偏差，可以将公式中的分母N变为$N-1$，保证方差和标准差具有无偏性。

② 区间估计(Interval Estimation)

即便是一个理想的点估计值，也无法克服点估计的一个致命缺陷，那就是它易受样本变化的影响：每次抽取的样本不同，得出的统计量也就不同，因而它所提供的参数估计值也就会不同。如果能把抽样所带来的这种变异性或不确定性考虑进去，对总体参数的估计将会更有意义，而区间估计就能做到这一点。区间估计是通过从总体中抽取的样本，根据一定的正确度与精确度的要求，构造出适当的区间，以作为总体的分布参数(或参数的函数)的真值所在范围的估计。区间估计是通过样本计算出一个范围来对未知参数进行估计，其中这个给定的概率值称为置信度或置信水平(Confidence Level)，用α表示。这个建立起来的包含待估计参数的区间称为置信区间(Confidence Limits)，指总体参数值落在样本统计值某一区内的概率；而置信区间是指在某一置信水平下，样本统计值与总体参数值间误差范围(韩宝成，2000)。置信区间越大，则置信水平越高。划定置信区间的两个数值分别称为置信下限和置信上限(图3-2)。

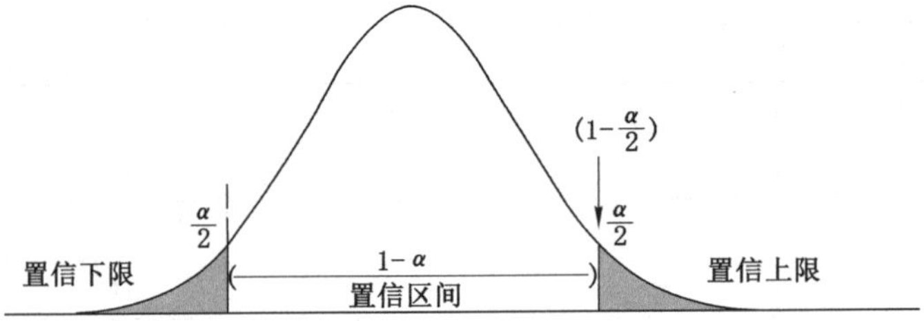

图3-2　区间估计

日常生活中，区间估计的应用非常广泛，例如人们常说的有百分之多少的把握保证某值在某个范围内，即是区间估计的最简单的应用。假如有一个变量的总体，我们从中随机抽取一个含有若干个观测值的样本(记作 S_1)，计算出样本平均数(记作 $\bar{X}$)，然后把所抽取的观测值再放回总体。按照此法，再抽取样本 S_2，得样本平均数 $\bar{X}_2$，以此类推，可以抽取 n 个样本，计算出 n 个样本平均数。样本平均数分布的离散程度通常要比原始数据的离散程度小，在统计学上，为了与样本标准差区别开来，人们把样本平均数的离散程度(即样本平均数的标准差)称作平均数标准误差，也叫“标准误差”，用符号 SE 表示。标准误差与样本容量(N)以及总体的标准误差(σ)有关，其计算公式为：

$$SE=\frac{\sigma}{\sqrt{N}}$$

如果不知道总体的标准误差，也可使用样本的标准差取代总体的标准误差，来计算抽样平均数的标准误差。

通过上面的描述，我们已经了解了区间估计中的重要概念，如样本平均数、标准误差、置信度和置信区间。下面将通过示例进一步说明如何进行区间估计。

例如，为调查某本阅读书中句子的长度，研究者从中随机抽取了 100 个句子，每个句子的平均长度为 14.21，标准差为 6.87。试计算均值的标准误差及置信度为 95%时总体均值的置信区间。

根据上面的公式，均值的标准误差为：$SE=\frac{\sigma}{\sqrt{N}}=\frac{6.87}{\sqrt{100}}=0.687\approx0.69$

本题第二问要求计算置信度为 95%时总体均值的置信区间，由于这一面积实际上代表了我们从样本统计量估计总体参数时的把控程度或信心程度，这就是“置信水平”。这两个标准误差的值所界定的区间就是“置信区间”，这一区间的上下界称为“置信界限”，定义这一置信区间的标准误差的值称为“临界值”(通常用 Z 表示)。在题目中，已知样本(抽取的 100 个句子长度)的平均值为 14.21，但是其总体均值(即本书中所有句子的长度)是未知的，总体均值可以用 μ 表示，样本均值与总体均值的偏离情况为($14.21-\mu$)，将它们的差除以抽样分布的标准差，即第一问计算得出的均值的标准误差，就是其临界值 Z。这些临界值都可以在正态分布表中查到。例如题目中定义 95%(或 0.95)的置信区间，这也就是说有 95%的把握确定总体均值在那个取值范围以内，其临界值为 $Z=1.96$。注意，由于正态分布图具有对称性，当 $Z=1.96$ 时，表明其置信区间为 $-1.96\leqslant Z\leqslant+1.96$。由此计算为 $-1.96\leqslant\frac{14.21-\mu}{0.69}\leqslant+1.96$。再经过分

解,可化简为:

$$-(0.69\times1.96)\leqslant14.21-\mu\leqslant+(0.69\times1.96)$$

$$-1.35\leqslant14.21-\mu\leqslant+1.35$$

$$12.86\leqslant\mu\leqslant15.56$$

这样,通过计算,第二问置信度为95%时总体均值的置信区间为12.86至15.56,也就是说,研究者有95%的把握本书所有句子的平均长度在12.86至15.56个词之间。

(2) 假设检验(Hypothesis Testing)

假设检验是推断统计中最重要的一个部分。语言研究经常要涉及统计值之间的差异问题,即在比较两个样本统计量(比如平均数、相关系效等)或者在样本统计量与相应的总体参数之间的差异的基础上,推断总体参数之间是否确实存在差异。这种差异可能是真正的差异,也可能是由随机误差造成的差异。例如,要比较两种教学方法A和B的效果,研究者分别用这两种方法教两组学生,然后用适当的方法对受试学生进行测验,得出两组分数,通过比较两组分数的平均数的差异,就可以知道两种教学方法的优劣。假如我们发现A组的平均成绩高于B组,能否说A组确实好于B组,进而得出方法A优于方法B的结论呢?答案是“不一定”,因为观测到的差异有可能是由一些无关的因素造成的,譬如抽样误差。虽然我们可以设法通过随机抽样和分组的办法来保证样本的代表性与可比性,但是要完全做到这一点是不可能的,因此就可能会引入抽样误差(比如A组中碰巧学习好的偏多、智商高的偏多等)。此外,在实验过程中,除了我们所研究的变量之外,可能造成两组分数差异的其他因素或变量是非常多的(从理论上讲甚至是无限多的),是无法完全加以控制的。所以,两组考分上的差异可能确实是不同的教学方法所致,但也有可能是由样本本身的内在变异(即抽样误差)或其他我们无法控制的无关因素造成的。那么,到底在多大程度上两者之间的差异是由操纵的变量引起的,还是由各种误差造成的呢?或者我们何时才能说两者之间确实存在差异呢?这就是假设检验所要回答的问题(李绍山,2008)。

假设检验是依据原资料的相关信息做出一个总体指标是否等于某一个数值,某一随机变量是否服从某种概率分布的假设,然后利用样本资料的信息,采用一定的统计方法计算出有关检验的统计量,依据一定的概率原则,以较小的风险来判断估计数值与总体数值(或者估计分布与实际分布)是否存在显著差异,是否应当接受原假设选择的一种检验方法。如果验证结果与假设结果没有“显著差异”,则接受假设,即为“没有显著意义”。如果验证结果与假设结果有“显著差异”,就拒绝假设,认为假设的结论不成立,差异或检验"具有显著意义"。

用样本指标来估计总体指标,其有些结论完全可靠,有些结论具备不同程度的可靠性,因此需要进一步加以检验和证实。通过检验,对样本指标与假设的总体指标之间是否存在差别做出判断,是否接受原假设。需要明确的是,我们进行检验的目的不是怀疑样本指标本身是否计算正确,而是为了分析样本指标和总体指标之间是否存在显著差异。

(四) 统计量和参数,参数检验和非参数检验

统计量是对样本的描述指标,我们经常用各种统计量如众数、平均数、方差以及标准差等来描述数据总体情况,而参数是研究问题中的各种变量。参数性统计需要假设数据是正态分布的,如果数据不是正态分布的,则需要使用非参数性统计方法。

1. 统计量和参数(Statistic and Parameter)

统计量可以用来描述样本的相关特征,常用的统计量包括众数、中位数、平均数和极差、方差、标准差等。参数是在统计分析中用到的一个变量,参数通常有总体平均数、总体标准差等。

(1) 统计量(Statistic)

统计量是统计理论中用来对数据进行分析、检验的变量。统计量是用来描述样本特征的概括性数字度量(贾俊平,2009)。人们进行实证研究、定量研究或实验研究时,往往会涉及大量的数据。在对数据进行分析和研究时,研究者更多关心的是数据总体表现出的特征而不是数据个体的特征。研究大量数据中的每个具体数值,既没有必要还会花费大量的人力、物力、财力和时间。为了能够高效、便捷地处理和使用大量的数据,必须把它们简化为几个有限的、可操作的量值。统计方法为人们提供了简约的方法和量度,即用一些有代表性的量值,反映数据的总体特征和总体趋势。统计量是由样本加工而成的,在用统计量代替样本作统计推断时,样本中所含的信息可能有所损失,如果在将样本加工为统计量时,信息毫无损失,则称此统计量为充分统计量。对样本进行研究之后,会得到一些指标,比如平均水平是什么样的,离散程度是怎么样的,这种对样本的描述指标就是统计量。这些量值包括集中趋势的量度和离散趋势的量度。常用的统计量包括众数、中位数、平均数和极差、方差、标准差等量值来表现数据的总体特征。

(2) 参数(Parameter)

统计是与各种数据和变量打交道的，因而对于研究者来说，在进行统计分析之前，必须充分了解所要处理的数据和变量的类型及其特征。参数，是一个变量，又叫作参变量。在研究问题的过程中，我们通常会关注几个变量的变化情况以及它们之间的关系，这些变量包括自变量和因变量。此时，如果引入另外的变量来描述自变量与因变量的变化，而这些另外的变量不是当前问题中必须研究的变量，我们便把这样的变量叫做参变量或参数。参数是用来描述总体特征的概括性数字度量，它是研究者想要了解的总体的某种特征值。研究者所关心的参数通常有总体平均数、总体标准差、总体比例等（贾俊平，2009）。

在语言研究中，我们经常要用实验的方法来调查变量之间的关系。我们往往操纵某一变量X，然后观察并测量其对另外某一变量Y所产生的影响。所操纵的变量叫作自变量，因为我们感兴趣的是它如何影响别的变量，而不是它受别的什么变量的影响。我们观察和测量的变量叫作因变量，因为它是随着自变量的变化而变化的变量，或者说它的值取决于自变量的值。我们可以把自变量看作起因，把因变量看作自变量的效应或结果；也可以把自变量看作刺激变量或输入或先行条件，把因变量看作反应变量或输出或在所研究的人或现象上产生的结果。

例如，要比较传统教学法与交际教学法在外语教学中的效果，我们可以随机选取两组学生作为被试者，分别施以其中一种教学法，经过一段时间之后，用适当的方法对其学习成绩加以测量和统计分析，我们就可以知道不同的教学法是否会对外语学习产生明显不同的影响（体现为学习成绩的显著性差异），这里教学法就是自变量，被试者的学习成绩就是因变量。值得注意的是，我们在实验或调查前，需要明确自变量和因变量的数量。通常在应用语言学领域，某一项研究往往只包含一个因变量。另外，由于对某个因变量的影响因素较多，除不同的教学法以外，年龄、学习策略、学习动机等其他因素都可能会对学习成绩造成影响，因此，应用语言学的一项研究可能会有一个或多个自变量。当然，我们不可能在某个研究中解决所有相关问题，因此，研究的自变量数量一定要严格控制，不宜过多。

2. 参数检验和非参数检验（Parameter Test and Non-parameter Test）

参数性统计需要假设数据是正态分布的，如果数据不是正态分布的，则需要使用非参数性统计方法。在应用语言学领域，如果样本量大于30，则认为数据是正态分布的，可以使用参数性统计方法；如果样本量小于30，则认为数据可能不是正态分布的，这时，就需要使用非参数性统计方法。

(1) 参数检验(Parameter Test)

参数检验是推断统计中假设检验的重要组成部分，指对参数平均值、方差进行的统计检验。参数检验假定数据可以由一个或多个参数定义的分布较好地描述，在大多数情况下是通过正态分布来描述的。对于给定的数据集，需要确定并解释该分布的最佳拟合参数和它们的置信区间。所以在参数检验之前，需要做正态性检验。

参数检验是当总体的分布情况已知时(如总体为正态分布)，根据样本数据对总体分布的统计参数进行推断。此时，总体的分布形式是给定或假定的，只是其中一些参数的取值或范围是未知的，分析的主要目的是估计参数的取值，或对其进行某种统计检验。这类问题常常用参数检验的方法来进行统计推断，因其不仅能够推断总体的特征参数，还能够对两个或多个总体参数进行比较。

参数检验的常见方法有两种：

① t 检验。它适用于计量数据、正态分布、方差具有齐性的两组间小样本比较，包括样本与均数间、两样本均数间、配对数据间的比较三种，分别对应的是单一样本 t 检验、独立样本 t 检验和配对样本 t 检验，三者的计算公式是不同的。需要注意的是，t 检验需要满足正态分布性和方差齐性。

② 方差分析。方差分析用于正态分布、方差齐性的多组间计量比较，常见的有单因素、双因素、多因素的均数比较。“因素”指影响未知变量的行为(事件)。方差分析首先是比较各组间总的差异，如果总差异有显著性，再进行组间的两两比较。

(2) 非参数检验(Non-parameter Test)

非参数检验是统计分析方法的重要组成部分，它与参数检验共同构成统计推断的基本内容。参数检验是在总体分布形式已知的情况下，对总体分布的参数如均值、方差等进行推断的方法。但是，在数据分析过程中，由于种种原因，人们往往无法对总体分布形态作简单假定，此时参数检验的方法就不再适用了。非参数检验正是基于这种考虑，在总体方差未知或知道甚少的情况下，利用样本数据对总体分布形态等进行推断的方法。由于非参数检验方法在推断过程中不涉及有关总体分布的参数，因而得名为“非参数”检验。

非参数检验的常见方法有以下几种：

① 卡方检验。卡方检验可以表明统计样本的实际观测值与理论推断值之间的偏离程度。以卡方分布为基础，实际观测值与理论推断值之间的偏离程度

决定卡方值的大小，卡方值越大，越不符合；卡方值越小，偏差越小，越趋于符合，若两个值完全相等时，卡方值就为0，表明理论值完全符合。

② 符号检验。符号检验可用于配对样本的比较检验。符号检验法是通过两个相关样本的每对数据之差的符号进行检验，从而比较两个样本的显著性。具体地讲，若两个样本差异不显著，正差值与负差值的个数应大致各占一半。

③ 威尔科克森（Wilcoxon）符号秩检验。符号检验只考虑分布在中位数两侧的样本数据的个数，并没有考虑中位数两侧数据分布的疏密程度，这就使得符号检验的结果比较粗糙，检验功率较低。统计学家威尔科克森在1945年提出了一种更为精细的"符号秩检验法"，该方法是在配对样本的符号检验基础上发展起来的，比传统的单独用正负号的检验更加有效。它适用于单个样本中位数的检验，也适用于配对样本的比较检验，但并不要求样本之差服从正态分布，只要求对称分布即可。

④ K-S检验。K-S检验基于累计分布函数，检验一个样本是否服从既定的分布，或者检验两个样本是否来自同一个分布。K-S方法无需对要检验的数据分组，且使用经验累积分布函数（ECDF）来定义统计量，可以用于任何分布的检验。

⑤ K-W检验。K-W检验又称H检验，是用以检验两个以上样本是否来自同一个概率分布的一种非参数方法。被检验的几个样本必须是独立的或不相关的。与此检验对等的参数检验是单因素方差分析，但与之不同的是，K-W检验不假设样本来自正态分布。它的原假设是各样本服从的概率分布具有相同的中位数。

⑥ U检验。U检验也称Z检验，应用条件与t检验基本一致，只是当有大样本（N＞30）时用U检验，而小样本（N＜30）时则用t检验。

⑦ 福里德曼检验。福里德曼检验又被称之为双因素秩方差分析，是非参数版的Anova 2。Anova 2是双因素的方差分析，以比较样本X中两列或两列以上和两行或两行以上数据的均值。同Anova 2一样，待检验的数据也必须是均衡的。但是福里德曼检验和Anova 2检验不完全相同，Anova 2同时注意两个因素对待检验数据的影响，但是，福里德曼检验只注重两个因素中的其中一个对待检验数据的影响，而另一个因素则是用来区分不同区组用的。如有4名美食评委对来自于四个地区的厨师做的扬州炒饭做出评价打分，现在我们想知道，这四个地方的扬州炒饭品质是否相同，那么同一个评委对四个地区厨师的打分就具有可参考性，而不同地区评委之间对同一个厨师的打分参考性几乎没有（受评委自己的主观意识影响太强）。因此，我们只考虑地区因素，而评委因素是区组因素，不同区组之间的数据没有可比较性。

(3) 参数检验与非参数检验对比

参数检验与非参数检验各有优缺点。参数检验用于等距数据,因此能够把数据中每一个观测值的大小都考虑进去,也就是说,能够最大限度地利用数据所提供的信息。由于这个原因,参数检验的"灵敏度"比较高,即在保证样本容量的情况下,参数检验能够发现数据间存在的很小的真正差异。但是,参数检验的不足之处恰恰是其使用条件比较"苛刻",其使用范围受到了限制,而且有关的计算过程比较复杂。相比较而言,非参数检验的适用范围较广,凡是参数检验不能使用的地方都可以使用非参数检验。

① 趋势衡量

参数检验的集中趋势的衡量为平均值,而非参数检验的集中趋势的衡量为中位数。

② 总体分布信息

参数检验需要关于总体分布的信息,而非参数检验不需要关于总体分布的信息。

③ 适用性

参数检验只适用于变量,而非参数检验同时适用于变量和属性。当样本量足够大时,参数检验的方法对非正态分布的数据也能够很好地进行处理,因为样本均值的分布是近似正态分布。当样本量较小且分布未知时,通常会考虑使用非参数检验。

④ 优缺点对比

参数检验的优点是符合参数检验的条件时,检验效率高;其缺点是对数据要求严格,如等级数据、非确定数据不能使用参数检验,而且要求数据的分布型已知和总体方差相等。

非参数检验的优点是应用范围广,简便,易掌握;缺点是若对符合参数检验条件的资料用非参数检验,则检验效率低于参数检验。如果无效假设是正确的,非参数检验与参数检验的效果一样好;但如果无效假设是错误的,则非参数检验效果较差;如果检验出同样大小的差异,往往需要更多的资料。

(五) 假设检验、显著水平与效应量

假设检验是推断统计的一个重要部分,包括零假设和备择假设。显著水平的设定是可以人为进行的,是评定拒绝或接受零假设的一个临界概率,而效应量反映的是一个真实的数据间的差异。

1. 假设检验(Hypothesis Testing)

在假设检验中,先对 μ 的值提出一个假设,然后利用样本信息去检验这个假设是否成立(贾俊平,2009)。假设检验是一种基本的统计推断形式,也是数理统计学的一个重要的分支,用来判断样本与样本、样本与总体的差异是由抽样误差引起的还是本质差别造成的统计推断方法。其基本原理是先对总体的特征做出某种假设,然后通过抽样研究的统计推理,对此假设应该被拒绝还是接受做出推断。

假设检验是抽样推断中的一项重要内容。它是根据原资料做出一个总体指标是否等于某一个数值,某一随机变量是否服从某种概率分布的假设,然后利用样本资料采用一定的统计方法计算出有关检验的统计量,依据一定的概率原则,以较小的风险来判断估计数值与总体数值是否存在显著差异,是否应当接受原假设选择的一种检验方法。

用样本指标估计总体指标,其结论有的完全可靠,有的只有不同程度的可靠性,需要进一步加以检验和证实。通过检验,对样本指标与假设的总体指标之间是否存在差别做出判断,是否接受原假设。这里必须明确,进行检验的目的不是怀疑样本指标本身是否计算正确,而是为了分析样本指标和总体指标之间是否存在显著差异。从这个意义上,假设检验又称为显著性检验。

显著性检验一般涉及两个相互对立的假设:零假设和备择假设。零假设是一种事先设定的假设,通常用 H_0 表示。这种假设是一种“无”或“没有”假定,即研究涉及的现象之间无“相关”关系或没有“差异”。只有这样假定,才能利用分布的特性,建立检验模型,对零假设的可接受性进行检验。如果零假设不成立,那么它的对立假设就可以认为成立,即可以认为研究涉及的现象之间有“相关”关系或有“差异”。一般来说,备择假设(通常用 H_1 表示)就是我们的研究假设。我们是通过拒绝零假设来证实和接受研究假设的。

我们看到,实验研究的过程就是检验假设的过程,可是从一个研究问题中可以产生不止一个假设,那么到底检验哪一个呢?又是如何检验呢?答案似乎是显而易见的——备择假设比较直观,容易理解,那么只要收集足够的证据去证实它就可以了。但是实际上,我们每次只能研究一个样本,当根据该样本得出结论的时候,我们无法保证不存在推翻这一结论的潜在证据,也就是说,如果我们研究更多的样本,说不定会发现推翻这一结论的证据。由于从理论上讲可以这样无休止地研究下去,因而我们永远也无法收集到“足够的”证据去证实一个备择假设，也就无法得到确定的结论。所以在实验研究中，我们不是直接去证实 H_1 的正确性，而是去设法推翻 H_0，也就是先假设有关参数之间不存在差异，然后再通过实验收集证据，看能否推翻这一假设。

对于多数假设检验，检验的过程都是一样的。

① 陈述零假设，同时提出适当的备择假设（表明是方向性的，还是非方向性的）。

② 根据研究的性质和目的设定适当的显著水平。

③ 根据数据的测量水平、分布的形态以及实验设计等选择适当的检验。

④ 根据样本计算检验统计值。

⑤ 把检验统计值和显著水平所对应的临界值加以比较，如果检验统计值的绝对值大于临界值而落入临界区域之内，就拒绝零假设，同时接受备择假设，否则如果检验统计值落入临界区域之外，就接受零假设。

零假设的例子有：

① 第一语言水平和第二语言水平没有相关关系。

② 第二语言作文的长度和作文的质量没有相关关系。

③ 第二语言学习者的动机和第二语言水平没有相关关系。

④ 女性和男性之间在第二语言学习水平上没有差异。

⑤ 本族语者和非本族语考在英语语篇特征的运用上没有差异。

⑥ 第二语言学习水平高和水平低的学习者之间，在认知策略使用上没有差异。

这些零假设的备择假设，或者说研究假设是：

① 第一语言水平和第二语言水平存在相关关系。

② 第二语言作文的长度和作文的质量存在相关关系。

③ 第二语言学习者的动机和第二语言水平存在相关关系。

④ 女性和男性之间在第二语言学习水平上有差异。

⑤ 本族语者和非本族语者在英语语言特征的运用上有差异。

⑥ 第二语言学习水平高和水平低的学习者之间，在认知策略使用上有差异。

如果显著性检验的结果是拒绝零假设，例如拒绝接受“第一语言水平和第二语言水平没有相关关系”的零假设，那么就接受研究假设“第一语言水平和第二语言水平存在相关关系”，而且它们是显著性相关。这说明它们的相关关系是确实存在的，而不是由抽样误差造成的。

2. 显著性水平(Significance Level)

拒绝或接受零假设需要一个临界概率，这个临界概率称为显著性水平(马广惠,2003)。假设检验从陈述零假设开始(即先假设某总体参数值之间不存在差异),然后再根据样本中观察到的差异情况，看能否推翻这一假设。但是并不是说,不论样本中的相应统计量之间的差异大小,都可以证明零假设不成立或者都可以推翻零假设,因为这一差异有可能是由随机误差造成的,而不是真正的差异。同时,需要注意的是,要完全避免随机误差的影响是不可能的,只是影响的程度不同而已,因而观察到的差异不可能纯粹是由操纵的变量造成的。所以,在决定是否能推翻零假设时,必须确定一个允许的误差限度,即随机误差造成的差异在多大范围之内才能推翻零假设。这个范围用概率表示,譬如5%、1%等(或0.05、0.01等)。如果随机误差的概率(即可能性)为$p<0.05$,就表示当随机误差造成的差异在等于或小于5%时,就可以推翻零假设。如果零假设被推翻,则证明观察到的差异有显著意义或者说检验有显著意义,所以这个概率通常称为显著水平。

因此显著水平就是:当等于或低于其值时我们愿意把观察到的差异视为具有显著意义的概率。显著水平常用α(或p)表示。在0.05、0.01、0.001水平上有显著意义的差异分别称为差异有“显著意义”“非常显著的意义”“极为非常显著的意义”。

理解了显著水平的概念,我们在表述和理解差异时,就可以精确一些。譬如,如果我们决定在$p<0.05$时拒绝零假设,意味着我们有95%的把握认为样本中所观察到的差异是真正存在的(即是由我们所操纵的变量所造成的),而随机误差造成这一差异的可能性至多只有5%。另一方面,我们也不能简单地说有还是没有差异,而是应该指明是否有显著差异(或差异是否具有显著意义),而且要同时给出差异的显著水平,因为没有显著差异不等于说没有差异,而差异具有显著意义也不等于说差异完全是由我们所研究的变量引起的。

显著水平是由研究者决定的。显著水平的设定需要考虑多种因素,譬如研究领域、研究目的、研究对象、研究内容等。一般来讲,在自然科学领域,所涉及的变量一般都可以精确地度量;而在社会科学领域,所涉及的变量往往与人有关,对它们的测量往往难以达到很高的精确度。因而在前者就可以设定较为严格的显著水平,如0.01,甚至0.001,而在后者一般定0.05就可以了。在语言研究中,如比较不同教学方法的优劣,一般来说即使结论有误,也不会带来十分严重的后果，所以，可以定得宽松一些。总之，综合考虑上述因素，在语言研究中，一般选择 0.05 或 0.01 的显著水平。

3. 效应量(Effect Size)

进行变量间的相关性分析，或者组间某指标差异时，往往习惯采用 p 值和统计量。p 值是用来判定假设检验结果的一个参数。但是忽略了一个重要内容：存在差异是一回事，但到底差多少？这就是效应量，它反映的是一个真实的差异或者关联的强度。

效应大小是衡量处理效应大小的指标，与显著性检验不同，这些指标是不受样本容量影响的。它表示不同处理下的总体均值之间差异的大小，可以在不同研究之间进行比较。比如，研究某种心理治疗药物对治疗抑郁症患者是否有效，实际结果是实验组比控制组平均值大 4 分，实验组与控制组的取样人数都是 15，两组的标准差都是 8，此时检验结果不显著；但是当两组人数增加到 135 时，两组的平均数之差和标准差不变时，此时检验结果极其显著。但是仅仅增加样本数量导致的显著性差异，这种检验结果是无法令人信服的，所以引用了效应量。

效应量是指由于因素引起的差别，是衡量处理效应大小的指标。一般用于针对某一研究领域内的元分析，经常见于心理、教育、行为研究等。其主要统计思路是指主要变量引起的相应差别除以相应的标准误差，这一相对量对估算处理效应很重要。常见的几种效应量包括两个平均数间的标准差异、分组自变量与个体因变量分数间的相关效应大小、方差分析中处理效应的效应大小等。

效应量并不是唯一的参数，也就是说有很多指标都可以用来表示效应量，并且效应量可以理解为真实存在的某种差异，而我们是通过找到合适的效应量评价指标，来说明真实的效应到底有多大。例如，我们想知道吃不吃维生素对孩子身高的影响。这个案例中，因素是“吃/不吃维生素”，效应是“组间身高的差别”。那么效应量是什么？能够反应身高差别的指标都可以。哪些因素能够反应身高的差别？或者说可以作为效应量呢？

① 身高均值之差：反映组间集中趋势的差异，实际情况下，身高符合正态分布，因此均值之差是首选效应量。

② 身高变异系数之差：变异系数反映样本的离散程度，变异系数越大说明样本大得很大，小得很小。那么变异系数之差则反映吃维生素会不会影响身高的变异情况。

③ 身高离群值下限之差：反映到底哪一组矮得更厉害。其实维生素这类物质，未必对所有人都有效，身体本身就不缺维生素的孩子，吃了可能本身也不会影响长高。但是对那些本身缺维生素的孩子，补了可能会有效果，所以猜测可能真正的效应在矮个子里面。

以上只是进行一个简单的举例，但是可以说明，效应量并不是一个唯一的参数，而是用来反映真实存在的某种差异。效应量具有与测量单位无关、单调性、不受样本容量的影响等基本性质。效应量可以解决 p 值无法刻画相关程度大小和差异大小的问题，也可以避免“p 值操控”现象（沈光辉，2019）。效应量是衡量实验真实效果大小或者变量关联强度的指标，它不受样本容量大小的影响。依据效应量的大小，能够判断具有显著差异的研究结果是否具有实际意义或重要性。p 值代表的是统计学上的意义，而效应量是能反映实际上的意义，有时候即使有显著的统计学意义，但是效应量却可以很小。当数据量大，求得的值会比较显著，但可能事实上只是因为数量多了才显著，这个时候就需要用效应量进一步检测。若效应量也大，才说明其他数据也是显著，研究结果的可信度就会更高。

二、两组数值的检验

在语言研究中，检验方法的选择通常取决于研究问题、研究设计以及数据的类型和性质。如果研究者想要比较两组数值的差异或关系，可以使用统计学中的假设检验方法。本部分我们将从参数检验和非参数检验的角度分别进行介绍。

（一）参数检验：独立样本 t 检验（Independent-sample t test）

在进行统计检验之前，研究者需要首先确保该研究满足相应检验的前提条件，并进行适当的数据处理和分析。本节首先介绍参数检验中的独立样本 t 检验，包括其基本概念和使用的前提条件，并结合具体案例分析 SPSS 中的操作步骤及输出数据的意义。本书中使用的 SPSS 版本均为 IBM SPSS Statistics 26。

1. 基本概念

独立样本 t 检验，通常使用来自两个总体的独立样本，推断两个总体的均值是否存在显著差异。如果研究中只有一个连续性因变量和一个定序或类别自变量，自变量有两个值（如组 1、组 2）且被试没有重复出现的情况，那么，就可以使用独立样本 t 检验来分析。

值得注意的是，独立样本 t 检验作为参数检验的一种，首先需要满足参数检验对数据的要求。因此，除了数据为定距或定比数据之外，使用独立样本 t 检验还需确定样本来自的总体是否服从或近似服从正态分布；另外，两组样本的个案数目可以不等，但需要确保两个样本的相互独立性。

2. 案例分析

【案例 1】 研究者想要比较两个不同语言教学方法（方法 A 和方法 B）对学生口语流利度的影响。他们随机选取了两个班级的学生，一个班级接受传统教学方法 A 的教学，另一个班级接受新的教学方法 B 的教学。之后，研究者分别收集了两个班级学生口语测试得分的数据。

本案例中的问题，可以使用独立样本 t 检验来分析。

这个案例中的具体研究问题是：使用不同的语言教学方法，学生的口语流利度是否存在显著差异？

针对这一研究问题，可以做出以下两种假设：

$$H_0:\mu_{\text{教学方法A}}=\mu_{\text{教学方法B}}\text{（零假设）}$$

$$H_1:\mu_{\text{教学方法A}}\neq\mu_{\text{教学方法B}}\text{（研究假设）}$$

在这里，μ 表示总体平均数。零假设为两组平均数之间无显著差异，备择假设即研究假设为两组平均数之间有显著差异。在这个双边检验中，我们将显著水平设置为 $\alpha=0.05$。所以，如果检验结果为 $p\leqslant 0.05$，则拒绝零假设，接受研究假设，可以得出教学方法对学生口语流利度有显著影响；如果检验结果为 $p>0.05$，则不拒绝零假设，可以得出教学方法对学生口语流利度无显著影响。

（1）独立样本 t 检验的 SPSS 操作

如前文所述，本书使用的 SPSS 版本为 IBM SPSS Statistics 26。具体操作如下：

Step 1：打开文件“学生口语流利度测试.sav”的 SPSS 数据文件，如图 3-3 所示。

Step 2：点击菜单栏中的分析（Analyze）→比较平均值（Compare Means）→独立样本 t 检验（Independent-samples t Test），如图 3-4 所示。

Step 3：打开独立样本 t 检验的主对话框，将左栏中的变量“口语成绩”送入检验变量栏[Test Variable(s)]，然后将左栏中的变量“教学方法”送入分组变量栏（Grouping Variable），如图 3-5 所示。

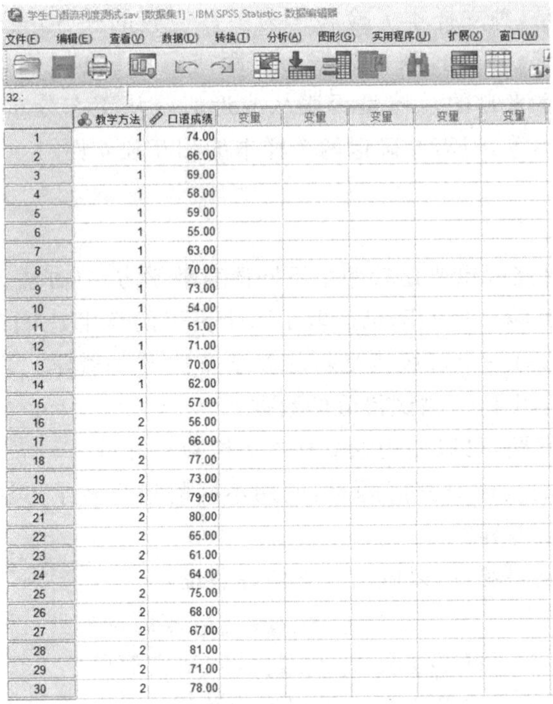

	教学方法	口语成绩
1	1	74.00
2	1	66.00
3	1	69.00
4	1	58.00
5	1	59.00
6	1	55.00
7	1	63.00
8	1	70.00
9	1	73.00
10	1	54.00
11	1	61.00
12	1	71.00
13	1	70.00
14	1	62.00
15	1	57.00
16	2	56.00
17	2	66.00
18	2	77.00
19	2	73.00
20	2	79.00
21	2	80.00
22	2	65.00
23	2	61.00
24	2	64.00
25	2	75.00
26	2	68.00
27	2	67.00
28	2	81.00
29	2	71.00
30	2	78.00

图 3-3　学生口语流利度测试.sav

图 3-4　分析菜单栏中的独立样本 t 检验

Step 4:点击图 3-5 中的定义组(Define Groups)按钮,进入组别定义对话框。在组 1(Group 1)和组 2(Group 2)后面的栏目中依次输入 1 和 2,分别代表使用传统教学方法 A 的班级和使用新教学方法 B 的班级(图 3-6)。这里如果在分割点(Cut Point)栏目中输入一个数值,系统会将观测值按照大于该值和小于该值的标准分成两个组,那么,检测也将会以这两个组为准。分好组后,点击继续(Continue)返回主对话框。

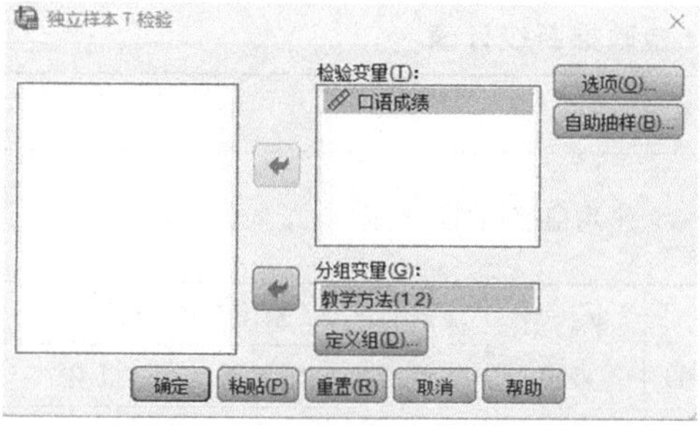

图 3-5 独立样本 t 检验的主对话框

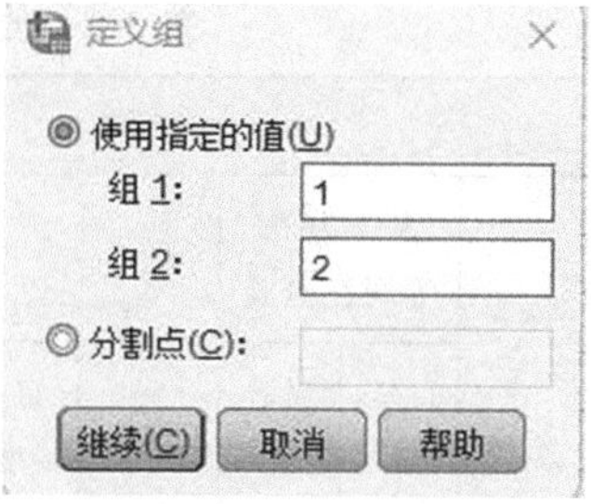

图 3-6 独立样本 t 检验定义组子对话框

Step 5:点击图 3-5 中的确定按钮,完成操作。

(2) SPSS 输出数据解读

经过上述操作,将得到两张独立样本 t 检验输出的表格(表 3-8 和表 3-9)。表 3-8 为描述性统计表,信息主要包括变量名、两个互相独立的组的人数(个案数 N)、平均值(Mean)和标准偏差(Std. Deviation)。从均值来看,1 组(即传统教学法 A 班级)低于 2 组(即新教学方法 B 班级)。但这一差异是否有显著意义,还有待下面的验证。

表 3-8 独立样本 t 检验描述统计表

组统计					
	教学方法	个案数	平均值	标准偏差	标准误差平均值
口语成绩	1	15	64.133 3	6.738 66	1.739 91
	2	15	70.733 3	7.6013 8	1.9626 7

表 3-9 为推断统计表,信息主要包括莱文方差等同性检验(Levene's Test for Equality of Variance)、t 值(t)、自由度(df)、显著性[sig.(双尾)]和平均值差值(Mean Difference)。在解读这些数据时,我们需要首先确认方差等同性检

验结果的显著性:如果该值大于0.05,说明两组方差呈等同性或齐性,此时,读取表格中第一行的数据[t值、自由度、sig.(双尾)、平均值差值等];如果该值小于或者等于0.05,说明两组方差不呈等同性或齐性,这种情况下,需要读取表格中第二行数据。在表3-9中,方差等同性检验结果显著性为0.658,大于0.05,因此,应读取第一行中的数据t值(−2.516)、自由度(28)、sig.(双尾)(0.018)和平均值差值(−6.600 00)。

表3-9 独立样本t检验推断统计表

独立样本检验										
		莱文方差等同性检验		平均值等同性t检验						
		F	显著性	t	自由度	Sig.(双尾)	平均值差值	标准误差差值	差值95%置信区间	
									下限	上限
口语成绩	假定等方差	.200	.658	−2.516	28	.018	−6.600 00	2.622 85	−11.972 67	−1.227 33
	不假定等方差			−2.516	27.603	.018	−6.600 00	2.228 5	−11.976 15	−1.223 85

由于独立样本t检验的显著性水平为0.018,小于设定的0.05,说明教学方法对学生口语流利度有显著影响。从数据来看,使用传统教学方法A的学生成绩显著低于使用新的教学方法B的学生成绩(MD=−6.600 00)。

由此可见,独立样本t检验的结果显示,使用不同教学方法的学生口语流利度测试成绩有显著差异($t=-2.516$, $df=28$, $p<0.05$):使用新的教学方法B的学生成绩明显优于使用传统教学方法A的学生成绩。

(二)参数检验:配对样本t检验(Paired-sample t Test)

配对样本t检验也是参数检验的一种,其适用场景与独立样本t检验存在差异。本节将介绍配对样本t检验的概念和SPSS操作。

1. 基本概念

配对样本t检验,或成对样本t检验,利用来自两个总体的配对样本,推断两个总体的均值是否存在显著差异。两个样本需具有相关性,通常表现为两种情况(鲍贵,2020):一是比较同一组被试实验前后的变量差异;二是将被试按照某些条件相同的原则进行配对(Paired)实验以比较不同处理方法引起的变量差异。在语言相关研究中,配对样本 t 检验常用于比较被试在某个语言特征或某项任务前后表现的差异。

与独立样本 t 检验相比,配对样本 t 检验也要求总体服从正态分布、因变量为连续变量、且总体方差等同性的特征。但与前者的区别在于,后者的抽样不是相互独立,而是相互关联的。因此,样本数应该相同,且观测值的先后顺序是一一对应的,不能随意更改。

2. 案例分析

【案例 2】 研究者对中国英语学习者展开为期三个月的写作教学改革实验。他们随机选取了 10 名学生,收集了这 10 名学生实验前和实验后的作文成绩(满分为 100 分)。研究者想要比较学生的写作成绩在教学改革实验后是否有显著进步。

在本例中,我们的研究问题是:教学改革实验前后,学生的写作成绩是否存在显著差异?

针对这一研究问题,可以做出以下两种假设:

$$H_0: \mu_{\text{实验前}} = \mu_{\text{试验后}}\text{(零假设)}$$

$$H_1: \mu_{\text{实验前}} \neq \mu_{\text{试验后}}\text{(研究假设)}$$

在这里,μ 表示总体平均数。零假设为两组平均数之间无显著差异,研究假设为两组平均数之间有显著差异。我们将显著水平设置为 $\alpha=0.05$。所以,当检验结果为 $p\leqslant 0.05$,则拒绝零假设,接受研究假设,可以得出教学改革实验前后,学生的写作成绩存在显著差异;如果检验结果为 $p>0.05$,则不拒绝零假设,可以得出教学改革实验前后,学生的写作成绩不存在显著差异。

(1) 独立样本 t 检验的 SPSS 操作

Step 1:打开文件"实验前后英语作文成绩. sav"的 SPSS 数据文件,如图 3-7 所示;

Step 2:点击菜单栏中的分析(Analyze)→比较平均值(Compare Means)→成对样本 t 检验(Paired-samples t Test),打开独立样本 t 检验的主对话框,如图 3-8 和图 3-9 所示;

Step 3:打开独立样本 t 检验的主对话框,将左栏中的变量"实验前"和"试验后"送入配对变量栏(Paired Variables),如图 3-9 所示;

Step 4:点击图 3-9 中的确定按钮,完成操作。

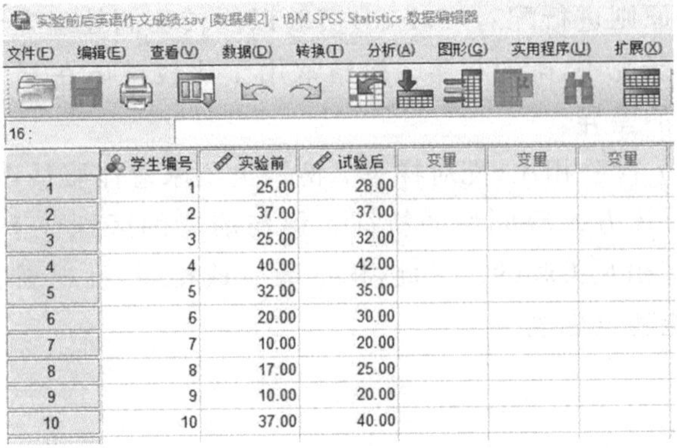

图 3-7 实验前后英语作文成绩.sav

图 3-8 分析菜单栏中的成对样本 t 检验

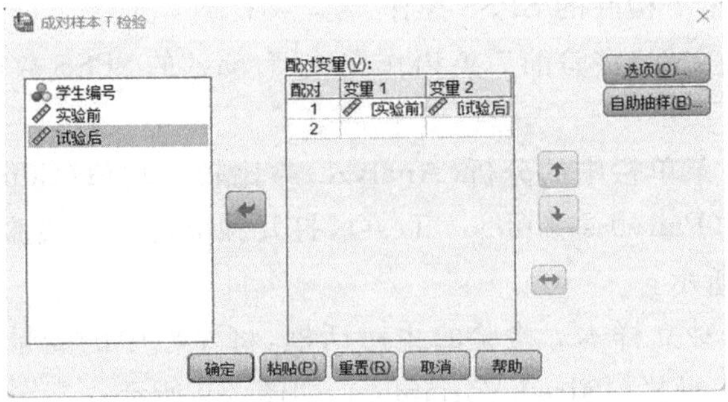

图 3-9 配对样本 t 检验的主对话框

(2) SPSS 输出数据解读

经过上述操作,将得到三张配对样本 t 检验输出的表格(表 3-10、表 3-11 和表 3-12)。表 3-10 为描述性统计表,信息主要包括配对样本数(个案数 N)、平均值(Mean)和标准偏差(Std. Deviation)等。从平均值来看,学生的写作成绩在教学改革前后有差异,但这一差异是否有显著意义,还有待下面的验证。

表 3-10 配对样本 t 检验描述统计表

配对样本统计					
		平均值	个案数	标准偏差	标准误差平均值
配对 1	实验前	25.300 0	10	11.055 92	3.496 19
	试验后	30.900 0	10	7.766 74	2.456 06

表 3-11 为配对样本的相关系数。其中包括两个样本平均数的相关性(Correlation)和显著性(Sig.)。数据显示,"实验前"样本和"实验后"样本的平均数相关性为 0.979,且显著性 $p<0.05$。这个结果说明,学生实验前和实验后的英语作文成绩高度相关,且具有显著意义。

表 3-11 配对样本的相关分析

配对样本相关性				
		个案数	相关性	显著性
配对 1	实验前及试验后	10	.979	.000

表 3-12 是推断统计表,报告配对样本 t 检验的结果。信息主要包括配对样本平均值(Mean)、t 值(t)、自由度(df)、和显著性[sig.(双尾)]。在解读这些数据时,我们首先确认 t 值的显著性:如果该值大于 0.05,说明两个配对样本平均数之差未达到显著水平,两个样本的平均数并无本质差异,我们观察到的差异是由抽样误差造成的;如果该值小于或者等于 0.05,说明两个配对样本平均数之差达到显著水平,两个样本的平均数是有本质差异的。表格中的数据显示,t 值为 -4.652,自由度为 9,显著性为 0.001,因此,小于设定的 0.05,说明两个配对样本的平均值差(-5.600 00)达到了显著水平,也就是说实验前学生作文平均成绩比试验后作文平均成绩低 5.6 分,教改实验后的写作成绩得到了显著提高。研究者在 95%的概率内有把握认为这个差异是真实存在的。

表 3-12　配对样本 t 检验推断统计表

<table>
<tr><th colspan="10">配对样本检验</th></tr>
<tr><th colspan="2" rowspan="3"></th><th colspan="5">配对差值</th><th rowspan="3">t</th><th rowspan="3">自由度</th><th rowspan="3">Sig.（双尾）</th></tr>
<tr><th rowspan="2">平均值</th><th rowspan="2">标准偏差</th><th rowspan="2">标准误差平均值</th><th colspan="2">差值 95%置信区间</th></tr>
<tr><th>下限</th><th>上限</th></tr>
<tr><td>配对 1</td><td>实验前-试验后</td><td>−5.600 00</td><td>3.806 43</td><td>1.203 70</td><td>−8.322 95</td><td>−2.877 05</td><td>−4.652</td><td>9</td><td>.001</td></tr>
</table>

由此可见，配对样本 t 检验的结果显示，教学改革实验前后，学生的写作成绩存在显著差异（$t=-4.652$，$df=9$，$p<0.05$）：学生在教学改革实验后的写作成绩明显优于其在教学改革实验前的写作成绩（$M=-5.6$）。

（三）非参数检验：曼-惠特尼 U 检验（Mann-Whitney U Test）

上一节讲到，当两个独立样本数据为定距或定比数据，且分布符合正态分布时，可以使用独立样本 t 检验来推断两个总体的均值是否有显著差异。但在实际研究中，存在对总体分布情况并不明确，或总体分布并不符合正态分布的情况，如果仍使用参数检验，往往会导致错误的结论。为此，有学者提出了非参数检验的概念，即不需要根据总体分布及参数进行统计的分析方法（韩宝成，2000）。

1. 基本概念

曼-惠特尼 U 检验，又称秩和检验，是由曼（Mann）和惠特尼（Whitney）于 1947 年提出的，主要用来检验两个独立样本的均值是否存在显著性差异。曼-惠特尼 U 检验的基本思想是假设两组数据没有显著性差异，那么把这些数据充分混合后再按大小次序进行排列，则这两组数据中每个数据排在第几号的概率应该是一样的。如果结果不一样，出现了较大的偏差，这时就应否定没有显著性差异这一假设（韩宝成，2000）。也就是说，该检验基于将两组数据合并后进行排序，并计算每个观测值所在的秩次。然后，根据秩次之和计算出曼-惠特尼 U 统计量，该统计量可以用于判断两个样本是否存在显著差异。

由于不依赖数据总体的分布形状和参数，可直接对分组资料进行统计分析，该检测运用较广，其中就包括语言相关研究。

2. 案例分析

【案例 3】 研究者展开一项小型阅读教学方法的改革实验。研究者选取了两组学生，分别为大学一年级同专业的 10 名实验组（组 1）学生和 8 名控制组（组 2）学生。实验时间为一学期，并在试验后对两组学生进行阅读测试，收集测试成绩。研究者想要探究实验组的阅读成绩是否显著优于控制组的成绩。

在本例中，我们的研究问题是：经过阅读教学方法改革实验后，实验组学生的阅读成绩是否显著优于控制组？

针对这一研究问题，可以做出以下两种假设：

$$H_0: U_{实验组} = U_{控制组}（零假设）$$

$$H_1: U_{实验组} \neq U_{控制组}（研究假设）$$

在这里，U 表示样本的秩次之和。零假设为两组样本的秩次之和相等，分布没有差异；研究假设为两组样本的秩次之和不相等，分布存在差异。我们将显著水平设置为 $\alpha = 0.05$。所以，当检验结果为 $p \leq 0.05$，则拒绝零假设，接受研究假设，即实验组与控制组学生的阅读成绩存在显著差异；如果检验结果为 $p > 0.05$，则不拒绝零假设，可以得出教学改革实验前后，实验组与控制组学生的阅读成绩不存在显著差异。

（1）曼-惠特尼 U 检验的 SPSS 操作

首先，打开文件“实验组、控制组阅读成绩. sav”的 SPSS 数据文件，如图 3-10 所示；

	学生编号	组别	成绩	变量	变量	变量	变量
1	1	1	35.00				
2	2	1	22.00				
3	3	1	40.00				
4	4	1	10.00				
5	5	1	39.00				
6	6	1	35.00				
7	7	1	13.00				
8	8	1	13.00				
9	9	1	34.00				
10	10	1	36.00				
11	11	2	32.00				
12	12	2	30.00				
13	13	2	15.00				
14	14	2	35.00				
15	15	2	8.00				
16	16	2	37.00				
17	17	2	10.00				
18	18	2	37.00				

图 3-10 实验组、控制组阅读成绩. sav

IBM SPSS Statistics 26 中有两种进行检测的可行路径：旧对话框选项和独立样本选项。我们先来介绍旧对话框路径的操作。

Step 1：点击菜单栏中的分析（Analyze）→非参数检验（Nonparametric Tests）→旧对话框（Legacy Dialogs）→2 个独立样本（2 Independent Samples），打开两个独立样本检验的主对话框，如图 3-11 和 3-12 所示。

图 3-11　分析菜单栏中的 2 个独立样本

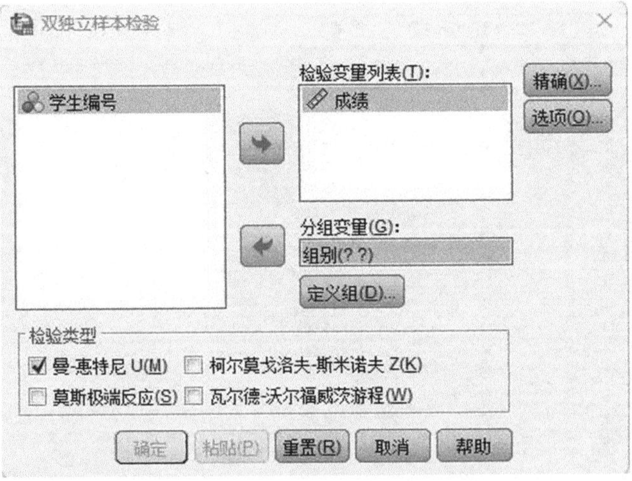

图 3-12　双独立样本检验主对话框

Step 2：打开双独立样本检验（Two Independent Samples Tests）的主对话框，将左栏中的变量“成绩”送入检验变量列表栏（Test Variable List）、“组别”送入分组变量栏（Group Variable），检验类型（Test Type）默认为曼-惠特尼 U，如图 3-12 所示。

Step 3：点击图 3-12 中的定义组（Define Groups）按钮，进入组别定义子对话框。在组 1（Group 1）和组 2（Group 2）后面的栏目中分别输入 1 和 2，分别代表实验组和控制组（图 3-13）。分好组后，点击继续（Continue）返回主对话框。

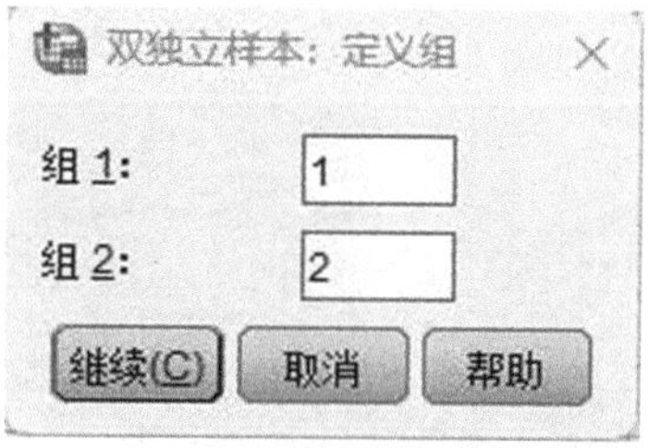

图 3-13 双独立样本检验组别定义子对话框

Step 4：点击图 3-12 中的确定按钮，完成操作。

第二种路径可以直接从独立样本选项进入检测。

Step 1：点击菜单栏中的分析（Analyze）→非参数检验（Nonparametric Tests）→独立样本（Independent Variables），打开两个或两个以上的独立样本检验的主对话框，如图 3-14 和 3-15 所示。

图 3-14 分析菜单栏中的独立样本

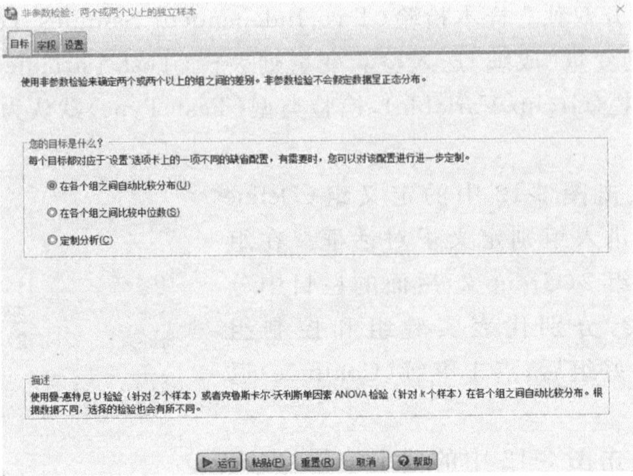

图 3-15　两个或两个以上的独立样本检验主对话框

Step 2：打开两个或两个以上的独立样本检验（Nonparametric Tests: Two or More Independent Samples）主对话框，可以看到三个选项卡，目标（Objective）选项卡的默认选项为各个组织间自动比较分布（Automatically Compare Distributions Across Groups），如图 3-15 所示；点击字段（Fields）选项卡，将左栏中的“成绩”送入检验字段（Test Fields）列表栏、“组别”送入组（Groups），如图 3-16 所示；点击设置（Settings）选项卡，可以定制检测方法，如勾选定制检验（Customize Tests）中的曼-惠特尼 U（2 个样本）检验，如图 3-17 所示。

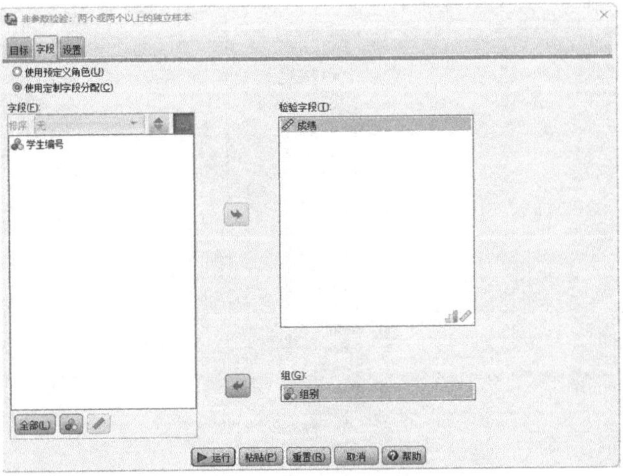

图 3-16　两个或两个以上的独立样本检验主对话框—字段选项卡

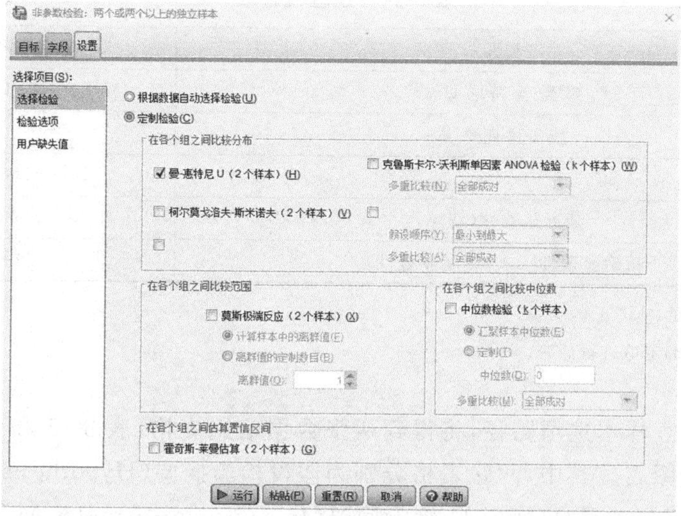

图 3-17　两个或两个以上的独立样本检验主对话框—设置选项卡

Step 3：点击图 3-17 中的运行(Run)按钮，完成操作。

(2) SPSS 输出数据解读

通过上述两种操作路径，均可生成检测数据。

首先，通过旧话框路径，将得到两张曼-惠特尼 U 检验的数据输出表格(表 3-13 和表 3-14)。表 3-13 为秩次表，信息主要包括样本容量(个案数 N)、平均秩次(Mean Rank)和秩和(Sum of Ranks)。

表 3-13　秩次表

	组别	个案数	平均秩次	秩和
成绩	1	10	10.15	101.50
	2	8	8.69	69.50
	总计	18		

表 3-14 为检验统计量表，包括曼-惠特尼 U 统计量、威尔科克森 W(Wilcoxon W)统计量、Z 统计量、Z 统计量、渐近显著性(双尾)[Asymp. Sig. (two-tailed)]和 Mann-Whitncy U 统计量精确显著性[2 *(单尾显著性)](Exact Sig. [2 * (one-tailed Sig.)])。由结果可见，由于 $U=33.5$，$p=0.573>0.05$，因此，接受零假设，即实验组与控制组的阅读成绩没有显著差异。

表 3-14　检验统计表

检验	成绩
曼-惠特尼 U	33.500
威尔科克森 W	69.500
Z	−.580
渐近显著性(双尾)	.562
精确显著性[2 *(单尾显著性)]	.573[b]

a. 分组变量:ˆ1。

b. 未针对绑定值进行修正。

通过独立样本选项路径,将得到两张数据输出表格(表 3-15 和表 3-16),以及三张统计图表。其中,两张表格分别为假设检验摘要(Hypothesis Test Summary)和独立样本曼-惠特尼 U 检验摘要(Independent-Samples Mann-Whitney U Test)。通过对比,可以发现,使用两种路径得出的数据和结论是一致的(见表 3-15、表 3-16)。

表 3-15　假设检验摘要

原假设	检验	显著性	决策	
1	在组别的类别中,成绩的分布相同	独立样本曼-惠特尼 U 检验	.573[a]	保留原假设
显示了渐进显著性。显著性水平为.050				

a. 对于此检验,显示了精确显著性。

表 3-16　独立样本曼-惠特尼 U 检验摘要

总计 N	18
曼-惠特尼 U	33.500
威尔科克森 W	69.500
检验统计	33.500
标准误差	11.214
标准化检验统计	−.580
渐进显著性(双侧检验)	.562
精确显著性(双侧检验)	.573

（四）非参数检验：威尔科克森配对符号秩次检验（Wilcoxon Matched-pairs Signed-ranks Test）

非参数检验还有一种常见的方法是威尔科克森配对符号秩次检验，下面将就这一方法的基本概念、SPSS数据检测方式展开介绍。

1. 基本概念

在前文中我们讨论过，如果需要比较两个相关样本平均数之间的差异，不是使用独立样本 t 检验，而是使用配对样本 t 检验。与此相似，与曼-惠特尼 U 检验相比，威尔科克森配对符号秩次检验的区别在于，前者适用于两个独立样本的非参数检验，而后者适用于两个相关样本的非参数检验。

2. 案例分析

【案例 4】 研究者想要探究中国英语学习者口语语速与会话场景的关系。研究选取了16名大学三年级学生作为被试，并记录了他们在正式场合和非正式场合的英语口语语速（即每秒音节数）数据。

在本例中，我们的研究问题是：中国英语学习者在正式场合和非正式场合的口语语速是否存在显著性差异。

针对这一研究问题，可以做出以下两种假设：

$$H_0: \text{Mdn}=0\text{（零假设）}$$

$$H_1: \text{Mdn}\neq 0\text{（研究假设）}$$

在这里，Mdn代表配对样本差异里的中位数。零假设表示中位数差异为零，即两个相关条件下没有差异；研究假设为中位数差异不为零，即两个相关条件下存在差异。我们将显著水平设置为 $\alpha=0.05$。所以，当检验结果为 $p\leqslant 0.05$ 时，拒绝零假设，接受研究假设，说明正式场合和非正式场合的口语语速存在显著性差异；如果检验结果为 $p>0.05$，则不拒绝零假设，可以说明正式场合和非正式场合的口语语速没有显著性差异。

(1) 威尔科克森配对符号秩次检验的SPSS操作

首先，打开文件“英语学习者正式、非正式场合语速.sav”的SPSS数据文件，如图3-18所示：

同样的，IBM SPSS Statistics 26中有两种进行检测的可行路径：旧对话框选项和独立样本选项。这里，我们主要介绍旧对话框路径的操作。

图 3-18　英语学习者正式、非正式场合语速.sav

Step 1：点击菜单栏中的分析（Analyze）→非参数检验（Nonparametric Tests）→旧对话框（Legacy Dialogs）→2 个相关样本（2 Related Samples），打开两个相关样本检验的主对话框，如图 3-19 和图 3-20 所示。

图 3-19　分析菜单栏中的 2 个相关样本路径

Step 2：打开双关联样本检验（Two Related Samples Tests）的主对话框，将左栏中的变量“正式场合”和“非正式场合”送入右侧的检验对[Test Pair(s)]栏配对，检验类型(Test Type)选择威尔科克森，如图 3-20 所示；同时可以在选项(Options)中勾选统计(Statistics)中的描述(Descriptive)和四分位数(Quartiles)，如图 3-21 所示。

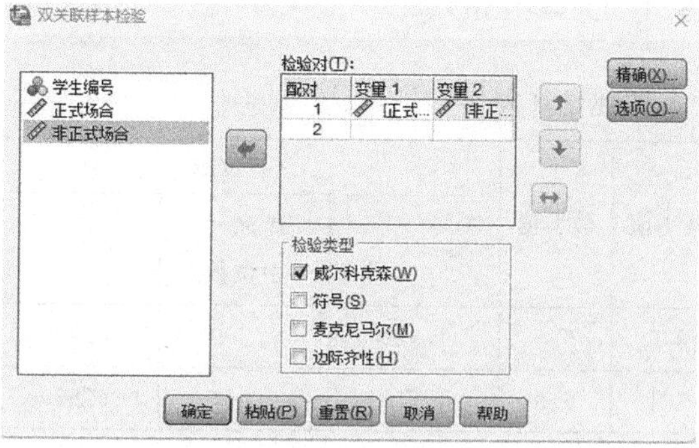

图 3-20　双关联样本检验主对话框

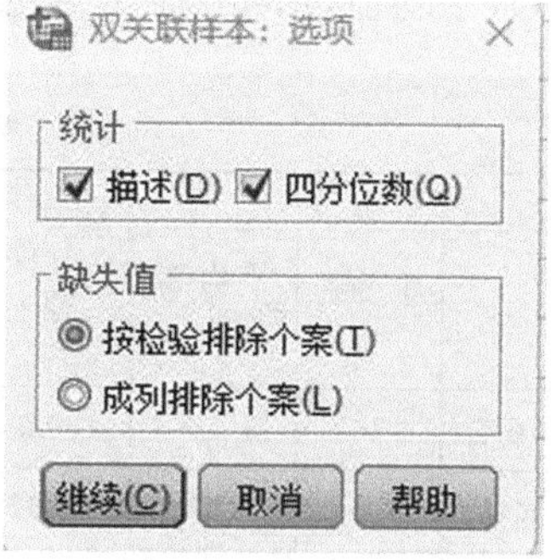

图 3-21　双关联样本检验选项子对话框

Step 3：点击确定按钮，完成操作。

第二种路径可以直接从相关样本选项进入检测。

点击菜单栏中的分析(Analyze)→非参数检验(Nonparametric Tests)→相关样本(Related Variables)，进入两个或两个以上相关样本检验主对话框；如图 3-22 所示，在字段选项卡中，将“正式场合”和“非正式场合”送入右侧的检验字段栏。点击运行，即可获得检测结果。

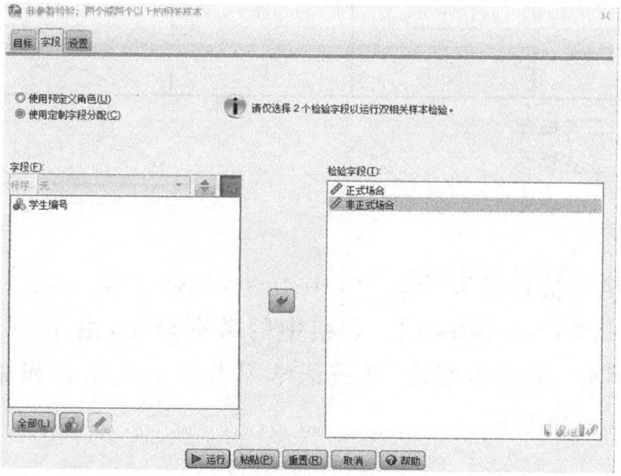

图 3-22　两个或两个以上相关样本检验主对话框

(2) SPSS 输出数据解读

通过上述操作，主要可以得到三张表格（表 3-17、表 3-18 和表 3-19）。表 3-17 为描述统计表格（Descriptive Statistics），信息主要包括样本容量（个案数 N）、平均值（Mean）和标准偏差（Std. Deviation）等。

表 3-17　描述统计表格

	个案数	平均值	标准偏差	最小值	最大值	百分位数		
						第 25 个	第 50 个（中位数）	第 75 个
正式场合	16	5.100	1.029 6	3.2	6.5	4.550	5.400	5.925
非正式场合	16	5.475	1.262 5	3.1	6.9	4.700	5.850	6.600

表 3-18 为秩次表（Ranks），可以查看正负秩次的数量（个案数 N）、平均秩次（Mean Rank）和秩和（Sum of Ranks）等。

表 3-18　威尔科克森配对符号秩次检验秩次表

秩				
		个案数	平均秩次	秩和
非正式场合-正式场合	负秩	6[a]	5.67	34.00
	正秩	10[b]	10.20	102.00
	绑定值	0[c]		
	总计	16		

a. 非正式场合＜正式场合。

b. 非正式场合＞正式场合。

c. 非正式场合＝正式场合。

表 3-19 为检验统计量表（Test Statistics），包括 Z 统计量及渐近显著性（双尾）[Asymp. Sig.（Two-tailed）]。表格中的数据显示，由于 $|Z|=1.763$，$p=0.078>0.05$，因此，接受零假设，即英语学习者在正式场合和非正式场合的口语语速不存在显著性差异。

表 3-19 Wilcoxon 配对符号秩次检验统计量表

检验统计[a]	
	非正式场合-正式场合
Z	-1.763^{b}
渐近显著性(双尾)	.078

a. 威尔科克森符号秩检验。

b. 基于负秩。

三、相关分析(Correlation Analysis)

相关分析,是研究现象之间是否存在某种依存关系,并对具体有依存关系的现象探讨其相关方向以及相关程度,是研究随机变量之间相关关系的一种统计方法。通过相关分析,我们可以确定两个变量之间是否存在线性关系、强度和方向,并且可以用相关系数来度量这种关系的程度。它在许多领域中都有广泛的应用,包括:① 经济学,用于研究不同经济指标之间的关系;② 金融学,用于研究不同投资组合之间的相关性;③ 社会学,用于研究不同社会变量之间的关系;④ 医学,用于研究不同病因与症状之间的关系;⑤ 生物学,用于研究不同基因之间的关系。总之,相关分析是一种强大的工具,可用于研究各种不同变量之间的关系,从而帮助人们更好地理解世界。

相关分析从大量的数据出发,揭秘变量之间存在的本质关系(李德奎 等,2023)。相关分析是用相关系数的正负和绝对值大小度量变量之间相互依存的方向和程度。自然界中的事物是普遍联系、相互影响、相互作用的。变量之间的关系主要有函数关系和相关关系,如圆的面积与半径之间存在确定的函数关系,人的身高和体重之间存在相关关系。其实大多数变量之间的关系属于相关关系。通过对相关分析的学习,可以培养我们的探索精神和创新精神,帮助我们发现事物之间、变量之间相互联系的普遍规律。

贾俊平(2018)指出,相关关系是一种非确定性的关系,例如,以 X 和 Y 分别记一个人的身高和体重,或分别记每公顷施肥量与每公顷小麦产量,则 X 与 Y 显然有关系,而又没有确切到可由其中的一个去精确地决定另一个的程度,这就是相关关系。下面,我们将介绍相关分析的基本概念以及皮尔逊相关系数和斯皮尔曼等级相关。

(一)相关分析简介

李金德、秦晶(2019)认为,任何事物的变化都与其他事物是相互联系和相互影响的,用于描述事物数量特征的变量之间也存在一定的关系。变量之间的关系归纳起来可以分为两种类型,即函数关系和相关关系。函数关系是一一对应的确定性关系,而当一个变量发生变化时,另一个变量也发生变化,但其关系值是不固定的,往往在一定范围内变化,这样两个随机变量之间的关系称为相关关系。

1. 相关分析基本概念

李金德、秦晶(2019)将相关关系又称统计相关,定义为事物之间存在相互依存的关系,但是这种关系只是大致的关系,不是精确关系,即在这种关系中不是某事物的每一个变化都会引起与之相联系的另一个变量的确定变化。例如,假设学生的智商水平越高,其学业成就也越高,那么就可以简单地认为智商和学业成就存在统计学上的相关,但它只是一种大概的趋势,智商和学业成就并非一一对应,即总体而言,智商越高,学业成就越高,但是具体到某个个体上这个规律并不是确定的。例如,A 同学的智商是 100 标准分,B 同学也是 100 标准分,但两者的学业成就有可能并不一致,也许还会存在不小的差别。

在一般情况下,当两个变量之间为相关关系时,就要研究它们之间的相关程度和相关方向。所谓相关程度,是指它们之间的相关关系是否密切,可以按照强度分为强相关、弱相关和零相关(即不相关);所谓相关方向,就是两种要素之间相关的正负,分为正相关和负相关。正相关是指两变量变化方向相同,两者同时增大或同时减小;负相关是指两变量的变化方向相反,一个增大另一个减小。相关程度和相关方向,可以用相关系数来衡量。从所处理的变量多少来看,如果研究的是两个变量之间的关系,称为简单相关与简单回归分析;如果研究的是两个以上变量之间的关系,称为多元相关与多元回归分析。从变量之间的形态上看,有线性相关与非线性相关。在进行简单相关分析时,对总体主要有以下两个假定:① 两个变量间是线性关系;② 两个变量都是随机变量(陈军,2019)。

2. 散点图

李金德、秦晶(2019)指出,相关分析可以通过图示法和计算相关系数法来完成。图示法主要是通过绘制散点图找出变量间的相关情况。计算相关系数则是在散点图的基础上进一步给出具体的量化数据以判断变量间的相关程度。

散点图可以是表示两个变量关系的二维图，也可以是表达多个变量的多维图，如三维散点图。这里主要研究两变量关系的散点图。如果没有特指，本书中提到的散点图都是指二维散点图。散点图一般以横轴和纵轴分别表示一个变量，将两个变量之间相对应的变量值以坐标点的形式标识在直角坐标系中，从点的分布情况形象地描述两个变量的相关关系。

如图 3-23 所示，散点虽然不在一条直线上，但是这些点很有规律地围绕在一条趋势线周围，这条线的趋势从左下角往右上角，斜率为正，说明两变量是强正相关关系。而图 3-24 与图 3-23 相比散点的趋势相同，只是斜率为负，它表示的是强的负相关。图 3-25 的散点完全随机地出现在坐标轴上，没有任何规律，此时变量间不相关。可以看出，散点越有规律地聚集在最优拟合直线周围，相关程度就越强，反之就会越弱，但要强调的是这里探讨的是线性相关。

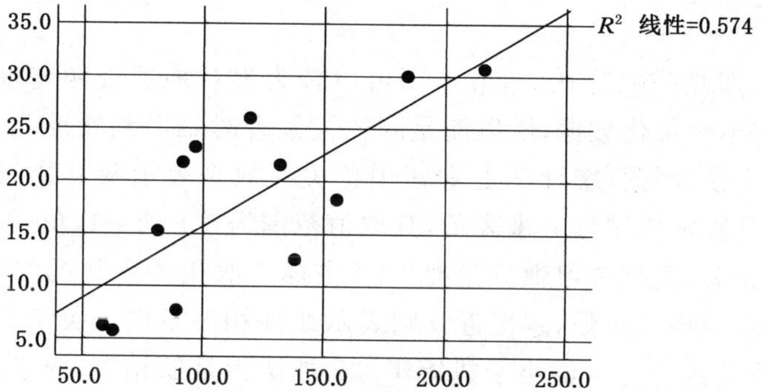

图 3-23　强正相关

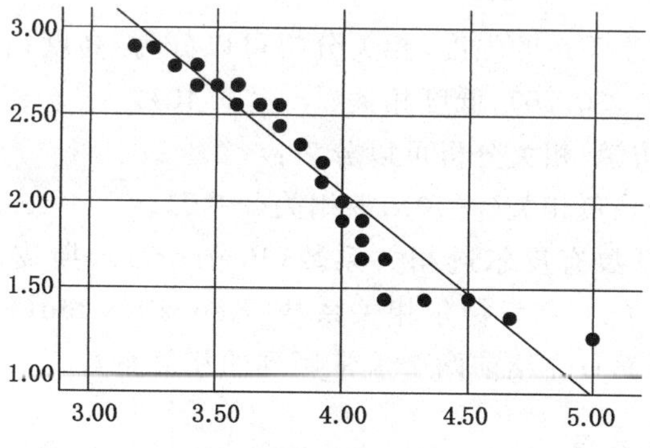

图 3-24　强负相关

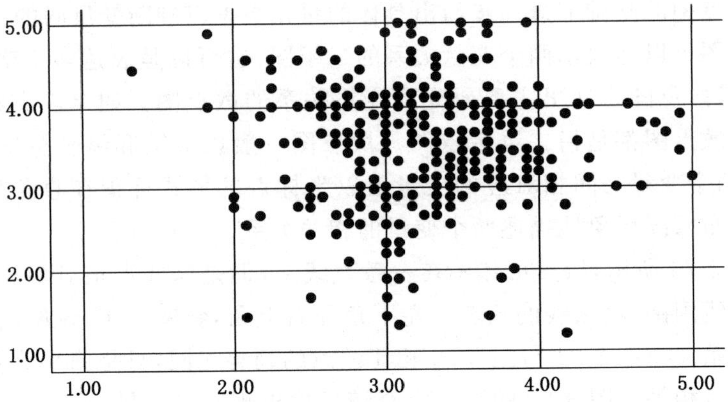

图 3-25　变量不相关

3. 简单线性相关

李金德、秦晶(2019)认为，散点图可以较为直观地展现两变量间是否为线性关系，但它不是量化数据，所以变量间的关系有时难以判断准确，也难与其他关系做量化比较，因此，统计学上常常用相关系数来表示两事物间的线性相关程度。相关系数常用字母 r 来表示，其取值范围为－1 到＋1，负号表示负相关，正号表示正相关，正相关习惯性地把“＋”去掉。取相关系数的绝对值，结果越接近 1 表示线性相关越强，越接近 0 则表示线性相关越弱。关于相关系数的联系强度，相关系数的绝对值小于或等于.39 被认为是低相关，介于.40 和.69 之间被认为是中等相关，大于或等于.70 为高相关(Grimm，1993)。这里特别强调的是，不存在线性相关不代表变量间就没有关系，很有可能变量间有强的非线性相关。

总的来说，按照关系的强度，相关分析可以分为：高度相关($|r|\geqslant 0.70$)；中度相关($0.40\leqslant|r|<0.70$)；低度相关($|r|<0.40$)。

按照关系的访学，相关分析可以分为：

正相关($r>0$)；负相关($r<0$)；零相关($r=0$)。

常用的相关系数有皮尔逊相关系数(Pearson r)、斯皮尔曼等级相关系数[Spearman's rho (p)]和肯德尔相关系数[Kendall's tau(τ)]。鉴于外语学科中的使用频率，下面只介绍前两个最常用到的相关系数。

(二) 皮尔逊相关系数

皮尔逊相关系数描述了两个定距变量间联系的紧密程度。下面我们将从概述开始了解，用一个案例来帮助我们理解什么是皮尔逊相关系数以及什么情况下使用皮尔逊相关系数。

1. 皮尔逊相关系数概述

谈到相关系数，首先需要提到的就是皮尔逊相关系数，也叫皮尔逊积差相关系数，该系数最早由皮尔逊提出，并因此而得名。皮尔逊积差相关系数的计算一般需要满足以下条件：第一，两列数据呈现正态分布；第二，数据必须成对出现；第三，成对样本数量应该大于 30；第四，两列数据必须是连续性数据，即定距数据。

值得注意的是，因为条件较为苛刻，在很多相关分析实践中，似乎很多研究者并没有严格按照这几个条件去执行皮尔逊相关系数分析。

2. 案例分析

【案例 5】 某高校英语系大四毕业班教师统计了该班 37 名同学四年来的基础课成绩、专业课成绩，两项成绩皆为百分制。他想考察这两种课程之间是否具有显著的关联（表 3-20）。本数据来源于许宏晨（2013）。

表 3-20 基础课成绩与专业课成绩表

学生编号	基础课成绩	专业课成绩
1	73	80
2	71	77
3	95	95
4	86	84
5	73	72
6	75	73
7	80	85
8	89	96
9	66	70
10	82	83
11	78	83
12	69	78
13	77	79
14	79	85

表 3-20(续)

学生编号	基础课成绩	专业课成绩
15	73	78
16	76	82
17	78	79
18	69	70
19	80	82
20	70	78
21	74	83
22	81	84
23	78	80
24	94	98
25	85	89
26	77	80
27	80	83
28	77	78
29	80	89
30	84	87
31	85	95
32	78	83
33	88	94
34	70	81
35	75	89
36	77	81
37	71	77

基于上述实例,我们的研究问题是:学生的基础课成绩与专业课成绩是否存在显著相关关系?

针对这一研究问题可得出以下两种假设:

$H_0: p=0$

$H_1: p \neq 0$

这里的 p 是表示相关系数的总体符号。零假设的意思是假定所有项目间的相关系数均为零。我们把显著水平设置为 $\alpha=0.05$。那么,如果检验结果为

$p \leqslant 0.05$，我们拒绝零假设，接受研究假设，如果 $p > 0.05$，我们不拒绝零假设。

(1) SPSS 分析过程

在用 SPSS 进行分析之前，我们要把数据录入到 SPSS 中，本例中有 3 个变量，分别是学生编号、基础课成绩和专业课成绩。我们把学生编号、基础课成绩和专业课成绩都定义为数值型变量，然后录入相关数据。录入完成后，数据如图 3-26 所示。

	学生编号	基础课成绩	专业课成绩
1	1	73.00	80.00
2	2	71.00	77.00
3	3	95.00	95.00
4	4	86.00	84.00
5	5	73.00	72.00
6	6	75.00	73.00
7	7	80.00	85.00
8	8	89.00	96.00
9	9	66.00	70.00
10	10	82.00	83.00
11	11	78.00	83.00
12	12	69.00	78.00
13	13	77.00	79.00
14	14	79.00	85.00

图 3-26 数据录入

先做一下数据保存，然后开始展开分析，步骤如下：

Step 1：进入 SPSS 26.0，打开相关数据文件，在数据编辑窗口，依次选择分析→相关→双变量，进入如图 3-27 所示对话框。

Step 2：选择进行相关分析的变量。在图 3-28 所示“双变量相关性”对话框的左侧列表框中，同时选中“基础课成绩”和“专业课成绩”并单击按钮使之进入“变量”列表框。

Step 3：选择相关系数。因为本例中的变量属于等距变量，所以我们在“双变量相关性”对话框内的“相关系数”选项组中选中“皮尔逊”复选框。

Step 4：设置显著性检验的类型。在“显著性检验”选项组中选中“双尾”单选按钮。

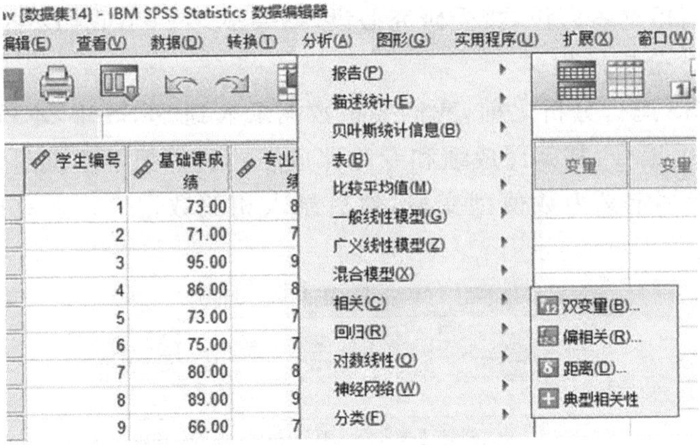

图 3-27　双变量相关分析选择视窗

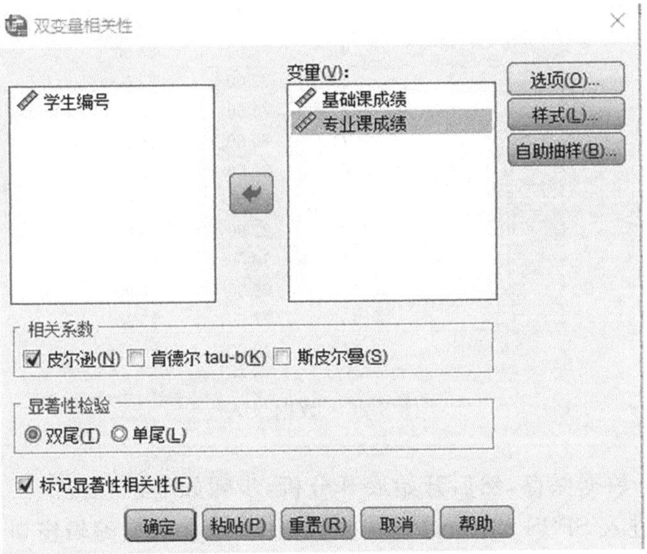

图 3-28　双变量相关分析对话框

Step 5:选择是否标记显著性相关性,也就是是否在输出结果中把有统计学意义的结果用“*”表示出来。这里我们选中“标记显著性相关性”复选框。

Step 6:选择相关统计量的输出和缺失值的处理方法。如图 3-29,单击“选项”按钮,弹出如图所示的对话框。我们在“统计”选项组中首先选中“平均值和标准差”复选框,也就是输出变量的均值、标准差,在“缺失值”选项组中选中“成对排除个案”单选按钮,也就是说,如果我们在分析时遇到缺失值的情况就将缺失值排除在数据分析之外。设置完毕后，单击“继续”按钮返回“双变量相关性”对话框，单击“确定”按钮，等待输出结果。

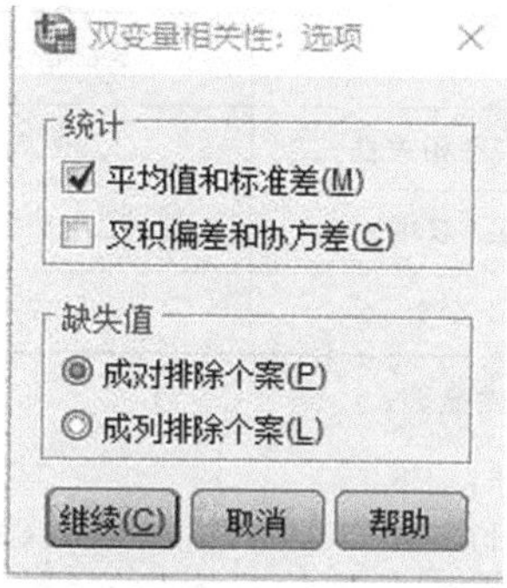

图 3-29　双变量相关分析输出结果选项对话框

(2) 相关分析输出结果及解读

相关分析输出的图表主要有描述统计表和相关系数统计结果两张图表。

① 描述统计表(表 3-21)，包括平均值、标准偏差和个案数。

表 3-21　描述统计表

描述统计			
	平均值	标准偏差	个案数
基础课成绩	78.189 2	6.777 57	37
专业课成绩	82.702 7	6.939 68	37

② 相关系数统计结果(表 3-22)。“基础课成绩”和“专业课成绩”之间的相关系数为.861，意为它们之间具有正相关的线性关系。显著值为.000，低于前面设定的.01 的 alpha 水平，表明在.01 的显著性水平上达到了统计意义。相关系数右上方有 * * 符号，表示显著性水平达到了.01 的显著水平。

表 3-22　相关系数统计结果

相关性			
		基础课成绩	专业课成绩
基础课成绩	皮尔逊相关性	1	.861**
	Sig.(双尾)		.000
	个案数	37	37

表 3-22(续)

相关性			
		基础课成绩	专业课成绩
专业课成绩	皮尔逊相关性	.861**	1
	Sig.(双尾)	.000	
	个案数	37	37

**.在 0.01 级别(双尾),相关性显著。

③ 此统计结果也可以由散点图中看出。单击图形→旧对话框→散点图/点图,进入如图 3-30 所示对话框。

图 3-30 散点图选择对话框

④ 在“散点图/点图”对话框中选“简单散点图”,点击“定义”,得到下方对话框,如图 3-31。再将“基础课成绩”和“专业课成绩”分别放入“*X* 轴”和“*Y* 轴”,“选项”中缺失值默认为“成列排除个案”,如图 3-32,点击“继续”,返回简单散点图主对话框,再点击【确定】,得到散点图(图 3-33)。

本研究使用皮尔逊相关分析方法探讨“基础课成绩”和“专业课成绩”之间的关系,分析结果表明,两个变量之间有显著的高度正相关关系($r=0.861$,$p<0.05$)。

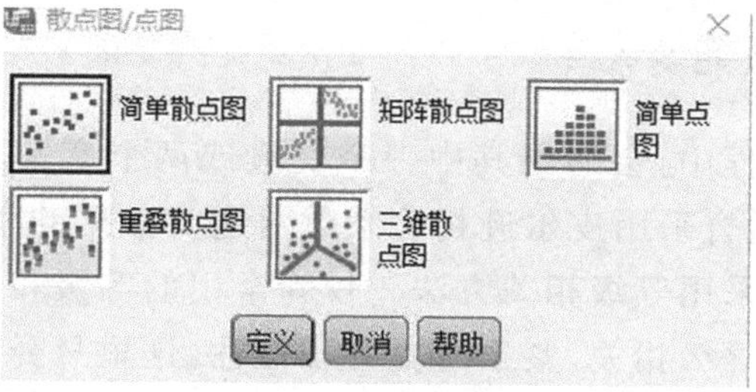

图 3-31 简单散点图

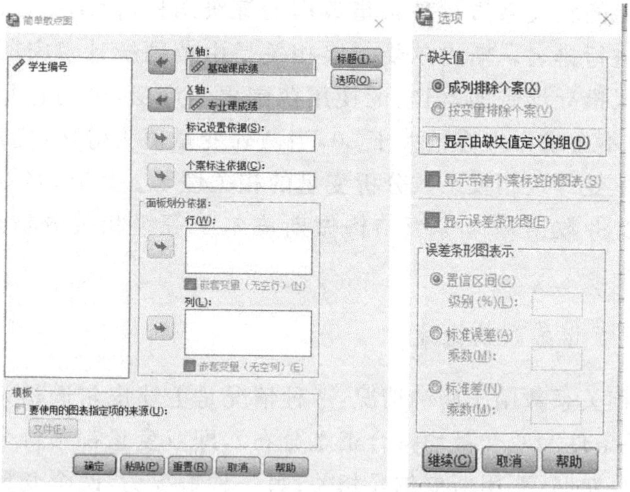

图 3-32 基础课-专业课成绩

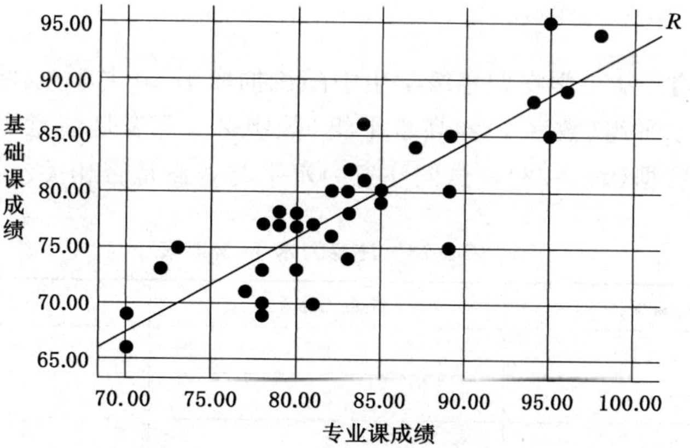

图 3-33 “基础课成绩”和“专业课成绩”散点图

（三）斯皮尔曼等级相关系数

在相关分析过程中，会遇到其中一个变量或两个变量具有等级属性的情况，这种情况下不适合采用皮尔逊相关系数对这类数据的相关程度进行考量，正确的分析方法是采用等级相关方法。较为常用的等级相关方法有斯皮尔曼等级相关和肯德尔等级相关，鉴于两者的相似性，这里只介绍斯皮尔曼等级相关系数。

斯皮尔曼等级相关系数，又称秩相关系数，是利用两变量的秩次大小做线性相关分析所得的相关系数。秩是指数据的等级结构，简单而言，其实就是将数据按照升序进行排名。斯皮尔曼等级相关是由英国统计学家斯皮尔曼根据皮尔逊相关公式推导出来的，但它的使用范围更为广泛，因为它并不要求数据呈正态分布，也不要求样本容量大于 30，当两列变量值为等级（定序）数据时就可以使用斯皮尔曼等级相关系数分析变量的相关性了。另外，当变量为连续性数据时，也可以将数据降为等级结构做斯皮尔曼等级相关分析（李金德 等，2019）。

1. 斯皮尔曼等级相关系数概述

斯皮尔曼相关系数用于两种情况：一种情况是上述皮尔逊相关条件不符合时（皮尔逊相关条件为双变量均符合正态分布），即双变量都不符合或者其中一个不符合正态分布时，要用斯皮尔曼相关；另一种情况为，两个变量至少有一个为定序变量时。

2. 案例分析

【案例 6】 某小学在四年级学生中随机抽取了 20 名学生，将测得的注意力水平分为低水平组（数字 1）和高水平组（数字 2），下表是注意力水平分组与其智商的测量数据（表 3-23）。试问注意力水平与智商是否相关？

表 3-23 注意力水平-智商表

学生编号	注意力水平	智商
1	1	103
2	2	101
3	2	117
4	2	114

表 3-23(续)

学生编号	注意力水平	智商
5	1	95
6	1	108
7	1	94
8	2	95
9	2	123
10	2	128
11	2	116
12	1	102
13	2	112
14	1	92
15	1	88
16	2	109
17	1	90
18	2	131
19	1	110
20	1	93

针对这一研究问题可得出以下两种假设：

$H_0: p=0$

$H_1: p\neq 0$

这里的 p 是表示相关系数的总体符号。零假设的意思是假定所有项目间的相关系数均为零。我们把显著水平设置为 $\alpha=0.05$。那么，如果检验结果为 $p\leqslant 0.05$，我们拒绝零假设，接受研究假设，如果 $p>0.05$，我们不拒绝零假设。

(1) SPSS 分析过程

在用 SPSS 进行分析之前，我们要把数据录入到 SPSS 中，本例中有 3 个变量，分别是学生编号、注意力水平分组和智商。我们把学生编号、注意力水平和智商都定义为数值型变量，然后录入相关数据。

先做一下数据保存，然后开始展开分析，步骤如下：

Step 1：进入 SPSS 26.0，打开相关数据文件，在数据编辑窗口，依次选择分析→相关→双变量，进入如图 3-34 所示对话框。

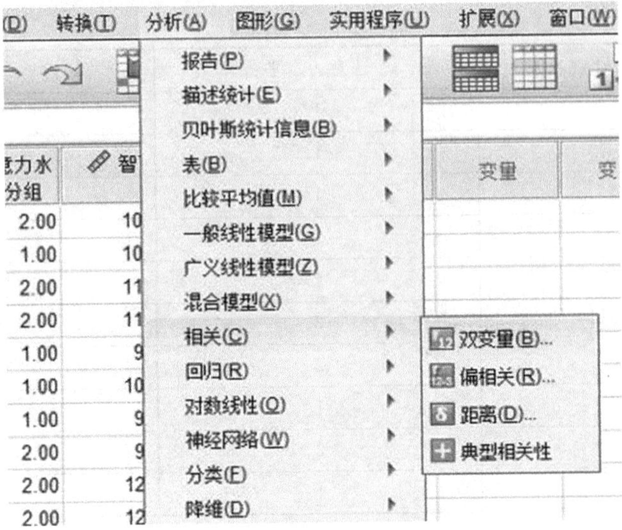

图 3-34　双变量相关分析选择视窗

Step 2:选择进行相关分析的变量。如图 3-35,在“双变量相关性”对话框的左侧列表框中,同时选中“注意力水平分组”和“专业课成绩”并单击按钮使之进入“变量”列表框。

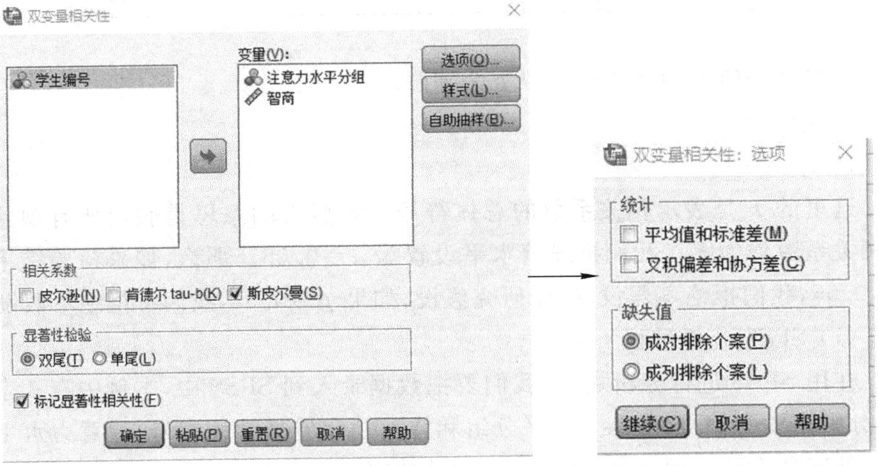

图 3-35　双变量相关分析对话框

Step 3:选择相关系数。因为本例中的“变量 1 注意力水平分组”属于定序变量,智商属于等距变量,所以我们在“双变量相关性”对话框内的“相关系数”

选项组中选中“斯皮尔曼”复选框。

Step 4：设置显著性检验的类型。在“显著性检验”选项组中选中“双尾”单选按钮。

Step 5：选择是否标记显著性相关性，也就是是否在输出结果中把有统计学意义的结果用“*”表示出来。这里我们选中“标记显著性相关性”复选框。

Step 6：选择相关统计量的输出和缺失值的处理方法。单击“选项”按钮，弹出如图 3-35 所示的对话框。因为本例中其中一个变量属于定序变量，没有平均值和标准差，所以在“统计”选项组中“平均值和标准差”复选框不具有统计意义，不能选择，在“缺失值”选项组中选中“成对排除个案”单选按钮，也就是说，如果我们在分析时遇到缺失值的情况就将缺失值排除在数据分析之外。设置完毕后，单击“继续”按钮返回“双变量相关性”对话框，单击“确定”按钮，等待输出结果。

（2）相关分析输出结果及解读

相关分析输出的图表只有相关性一张图表（表 3-24）。“注意力水平分组”和“智商”之间的相关系数为.737，意为它们之间具有正相关的线性关系。显著值为.000，低于前面设定的.01 的 alpha 水平，表明在.01 的显著性水平上达到了统计意义。相关系数右上方有 ** 符号，表示显著性水平达到了.01 的显著水平。

表 3-24 斯皮尔曼相关系数

相关性				
			注意力水平分组	智商
斯皮尔曼 Rho	注意力水平分组	相关系数	1.000	.737**
		Sig.（双尾）	.	.000
		N	20	20
	智商	相关系数	.737**	1.000
		Sig.（双尾）	.000	.
		N	20	20

**.在 0.01 级别（双尾），相关性显著。

本研究使用斯皮尔曼相关分析方法探讨“注意力水平分组”和“智商”之间的关系。分析结果表明，两个变量之间有显著的高度正相关关系（rho=0.737，$p<0.05$）。

四、回归分析(Regression Analysis)

线性关系是社会科学研究的重要概念,相关分析的目的在于描述两个连续变量的线性关系强度,而回归则是在两变量之间的线性关系基础上,进一步来探讨变量间的解释与预测关系的统计方法。如果研究者的目的在于预测,就是用某一自变量去解释/预测另一个因变量,则可通过回归方程式的建立与检验,来检测变量间关系并进行预测。

回归一词可以溯自1855年英国学者弗朗西斯·高尔顿(Francis Galton)以Regression toward Mediocity Inheredit Stature为题的论文中,该论文分析孩童身高与父母身高之间的关系,发现可以父母的身高预测子女的身高,当父母身高越高或越矮时,子女的身高会较一般孩童高或矮。但是有趣的是,当父母亲身高很高或很矮(极端倾向)时,子女的身高会不如父母亲身高那么极端化,而朝向平均数移动(Regression toward Mediocrity),这就是著名的均值回归(Regression Toward the Mean)现象。自此之后,regression这个名词,也就被研究者视为研究变量间因果或预测关系的重要同义词,沿用至今(邱皓政,2013)。

下面我们主要讨论线性回归分析的基本概念、回归方程以及一元线性回归和多元线性回归。

(一)回归分析简介

回归分析和相关分析是两种不同的统计检验。相关分析描述的是两个变量间的相关关系,而回归分析描述的是因变量与自变量之间的回归关系或因果关系(雷蕾,2016)。比如,我们研究基础课成绩和专业课成绩之间的相关关系,如果二者存在显著正相关关系,则可以说,随着基础课成绩的升高,专业课成绩也升高;随着基础课成绩的下降,专业课成绩也下降。但是,我们并不能说专业课成绩的高低是由基础课成绩的高低所决定的,也不能说由基础课成绩可以预测专业课成绩。通过相关分析,当我们知道了某学生的基础课成绩时,我们并不能由此预测其专业课成绩,反之亦然。如果我们以基础课成绩为自变量,以专业课成绩为因变量对二者的关系进行回归分析,发现二者存在显著回归关系,那么,我们可以说专业课成绩的高低部分地由基础课成绩的高低所决定,或者说,由基础课成绩可以部分地预测专业课成绩。通过回归分析计算出的描述基础课成绩和专业课成绩的回归方程,我们可以通过某学生的基础课成绩,预测其专业课成绩。

相关分析的目的在于测度变量之间的关系强度,它所使用的测度工具就是相关系数。而回归分析则侧重于考察变量之间的数量关系，并通过一定的数学表达式将这种关系描述出来，进而确定一个或几个变量（自变量）的变化对另一个特定变量（因变量）的影响程度。具体来说，回归分析主要解决以下几个方面的问题：

① 从一组样本数据出发，确定变量之间的数学关系式。

② 对这些关系式的可信程度进行各种统计检验，并从影响某一特定变量的诸多变量中找出哪些变量的影响是显著的，哪些是不显著的。

③ 利用所求的关系式，根据一个或几个变量的取值来估计或预测另一个特定变量的取值，并给出这种估计或预测的可靠程度（贾俊平 等，2018）。

1. 回归分析的基本概念

“回归”一词由英国学者高尔顿提出。高尔顿研究了父母平均身高与子女平均身高的关系，发现高个子父母子女的平均身高也较高，但不会超过父母的平均身高；矮个子父母子女的平均身高也较矮，但不会低于其父母的平均身高。因此，子女平均身高会朝向描述父母平均身高的直线“回归”。

Galton 建立了父母与子女身高关系的回归方程：$y=29.4+0.57x$。其中，x 为父母平均身高，为子女平均身高的估计值，单位为英寸。比如，父母平均身高为 66.93 英寸（约 1.70 米），则子女可能的身高为 $29.4+0.57x66.93=67.55$ 英寸（约 1.72 米）。

同理，在第一次考试中成绩最差的那些学生在第二次考试中倾向于有更好的成绩（比较接近所有学生的平均成绩），而第一次考试中成绩最好的那些学生在第二次考试中倾向于有较差的成绩（比较接近所有学生的平均成绩）。同样，平均来说，第一年利润最低的公司第二年不会最差，而第一年利润最高的公司第二年不会是最好的（贾俊平 等，2018）。

那么，到底什么是回归分析呢？雷蕾（2016）认为，回归分析研究的是一个因变量与一个或多个自变量之间的因果关系，或者说，回归分析研究的是，当一个或多个自变量的值产生变化时，因变量的值是如何变化的。通过回归分析，我们可以计算出描述因变量与自变量间因果变化关系的回归方程（Regression Equation），或者说，通过回归分析计算出的回归方程，我们可以通过已知的自变量的值来预测因变量的值。

根据自变量的数目，回归分析可以分为一元回归和多元回归。如果只有一个自变量，称作一元回归，如果有两个或多个自变量称作多元回归。根据自变量和因变量的数据类型，回归分析可以分为线性回归和其他回归分析。

2. 回归方程

线性回归分析就是建立类似于上述高尔顿的父母身高与子女身高回归关系的回归方程并对回归方程进行相关的统计检验。我们一般将回归方程表示为：

$y=a+bx$

其中，y 为因变量 y 的估计值，x 为自变量的值；a 为截距（Intercept），即当自变量 x 取值为 0 时 y 的值；b 为回归直线的斜率（Slope），也称作回归系数（Regression Coefficient），b 为当自变量 x 变化一个单位值时 y 的变化值。比如上述回归方程为：$y=29.4+0.57x$，y 为因变量子女身高的估计值，为父母的平均身高；29.4 为截距，即当父母身高取值为 0 英寸时，子女身高的估计值为 29.4 英寸；0.57 为斜率，即当父母身高每增高 1 英寸，子女身高的估计值就增高 0.57 英寸（雷蕾，2016：166）。

进行回归分析时，首先需要确定哪个变量是因变量，哪个变量是自变量。贾俊平、何晓群（2018）指出，在回归分析中，被预测或被解释的变量称为因变量（Dependent Variable），用 y 表示。用来预测或解释因变量的一个或多个变量称为自变量（Independent Variable），用 x 表示。例如，在分析贷款余额对不良贷款的影响时，目的是要预测一定的贷款余额条件下不良贷款是多少，因此，不良贷款是被预测的变量，称为因变量，而用来预测不良贷款的贷款余额就是自变量。

（二）一元线性回归分析

SPSS 的简单线性回归分析也称为一元线性回归分析，是最基本的一种回归分析方法。简单线性回归分析的特点是只涉及一个自变量，它主要用来处理一个因变量与一个自变量之间的线性关系，建立变量之间的线性模型并根据模型做出评价和预测（杨维忠 等，2019）。

（三）多元线性回归分析

在许多实际问题中，影响因变量的因素往往有多个，这种一个因变量与多个自变量的回归问题就是多元回归，当因变量与各自变量之间为线性关系时，称为多元线性回归。多元线性回归分析的原理同一元线性回归基本相同，但计算上要复杂得多，需借助计算机来完成。

1. 多元线性回归分析的概念

秦晓晴(2015)认为,多元线性回归分析的原理与一元线性回归分析相同。例如,二元线性回归分析的回归模型为 $Y=a+b_1X_1+b_2X_z+e$;回归预示方程 $Y=a+b_1X_1+b_zX_z$。多元线性回归方程常用的检验方法也是 R 检验、F 检验和 t 检验。与一元线性回归分析类似,多元线性回归分析中的 R 检验检验的是多个自变量对因变量的影响程度,以及它们之间的相关程度。F 检验的目的也是检验已建立的回归方程是否具有显著性,但它只能说明 b_1、b_2 并不全为 0,却不能说明它们其中是否有一个为 0。如果有一个自变量的估计参数为 0,则应从回归方程中剔除。要解决这一问题,需要使用 t 检验。所以一元线性回归分析中 F 检验和 t 检验是等价的,而在多元线性回归分析中,它们却不是等价的。

2. 案例分析

【案例 7】 表 3-25 是英语成绩、英语效价、英语焦虑和努力程度统计表。试分析英语效价、英语焦虑和努力程度能在多大程度上预示英语成绩(秦晓晴,2015)。

表 3-25 英语成绩与效价、焦虑、努力程度统计表

学生编号	英语成绩	英语效价	英语焦虑	努力程度
1	72	2.75	5	1.5
2	74	3	4	2
3	64	3	4.67	2.25
4	71	3	4	2.25
5	77	4.75	3.67	2.25
6	71	4	3.67	2.25
7	69	3	3.33	2.25
8	64	4.25	4.33	2.5
9	68	3.5	3.67	2.5
10	72	3.5	3.67	2.5
11	74	3.25	3.67	2.5
12	72	4.25	3.33	2.5
13	79	4.75	3	2.5
14	75	4	3	2.5

表 3-25(续)

学生编号	英语成绩	英语效价	英语焦虑	努力程度
15	77	4.75	5	2.75
16	63	3.25	4	2.75
17	74	3.25	4	2.75
…	…	…	…	…

该文件共有四个变量:“英语焦虑”“英语效价”“努力程度”“英语成绩”。前3个变量为自变量,而且由多项目5个等级的Likert量表测量,变量值取的是平均值,“英语成绩”为因变量,由100分制试卷测量。由于有3个自变量,与这一研究问题相关的统计预示模型可写为:

$Y' = a + b_{1+} X_1 + b_{2+} X_2 + b_3 X_3$

其中,Y'为因变量的预示值,a为截距,即当所有的X值为0时的Y值,b_1、b_2和b_3,为自变量的非标准化回归系数,X为自变量的测量值。我们要提出的研究问题是:英语焦虑、英语效价和努力程度能在多大程度上预示英语成绩?

根据上述研究问题,我们可以提出如下研究假设:

H_a:$Yf(X_1 X_2 X_3) \neq 0$(英语焦虑、英语效价和努力程度对英语成绩有显著的预示作用),其中Y为英语成绩,f为函数,X_1,X_2和X_3分别为英语焦虑、英语效价和努力程度。

与研究假设相对应的虚无假设是:

H_0:$Yf(X_1 X_2 X_3) = 0$(英语焦虑、英语效价和努力程度对英语成绩没有显著的预示作用)。

(1) 分数过程

Step 1:在数据编辑窗口,依次选择“分析”→“回归”→“线性”,进入如图3-36所示对话框。

Step 2:选择进行回归分析的变量。如图3-37在“线性回归”对话框的列表框中,同时选中“英语成绩”放入“因变量”,“英语效价”“英语焦虑”“努力程度”放入“自变量”,“方法”选择“输入”。

注:许宏晨(2013)认为,此处的“方法”选择“输入(Enter)”,秦晓晴(2015)认为此处的“方法”选择“步进(Stepwise)”,两种不同的方法所输出的结果会有差异。从分析步骤中我们可以看出,前面两个输出表,即描述统计表和皮尔逊相关分析表都是一样的。

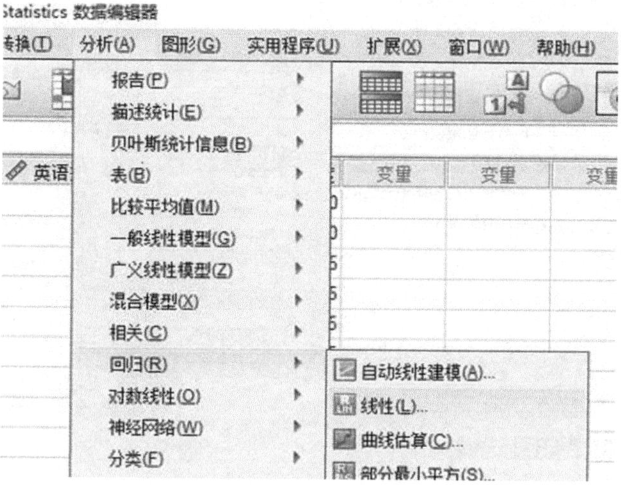

图 3-36　线性回归选择对话框

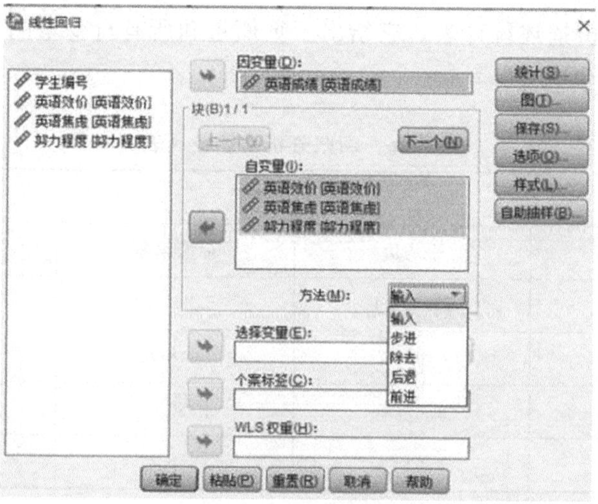

图 3-37　多元线性回归主对话框

Step 3：在“统计”中勾选“估算值”“模拟拟合”“描述”“共线性诊断”，点击“继续”返回“线性回归”主对话框，点击“图”，将“ZRESID”放入 Y 轴，“ZPRED”放入 X 轴，点击“继续”返回“线性回归”主对话框，点击“确定”。

(2) 回归分析输出结果及解读

回归分析输出的图表主要有描述统计、相关性、输入/除去的变量、模型摘要等(图 3-38，图 3-39)。

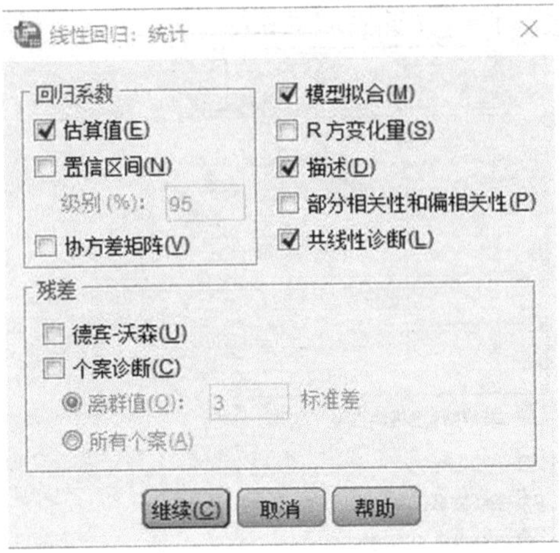

图 3-38　一元线性回归:统计量对话框

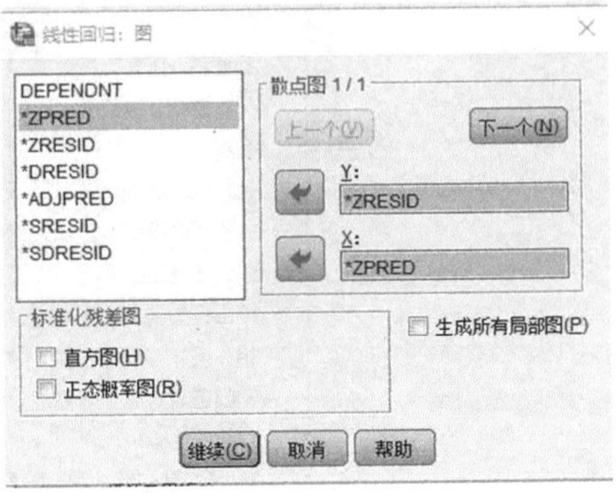

图 3-39　多元线性回归:图表对话框

① 回归分析描述统计表。它给出了页面量和所有自变量的平均数,标准差和样本量(表 3-26)。

表 3-26　回归分析描述统计表

描述统计			
	平均值	标准偏差	个案数
英语成绩	73.974 1	6.347 73	232
英语效价	4.064 7	.648 94	232
英语焦虑	3.477 0	.760 65	232
努力程度	3.613 1	.616 22	232

② 皮尔逊相关分析结果(两种方法相同)。该表给出了因变量和自变量之间的皮尔逊 r 相关系数及其显著性。从表中可以看出,四个变量之间呈显著相关,其中“英语焦虑”与“英语成绩”之间呈显著负相关,“努力程度”和“英语效价”与“英语成绩”呈显著正相关。一般在做回归分析之前都先会进行相关分析,自变量和因变量之间只有达到相关才能进一步做回归分析,回归必相关(表 3-27)。

表 3-27 皮尔逊相关分析结果

相关性					
		英语成绩	英语效价	英语焦虑	努力程度
皮尔逊相关性	英语成绩	1.000	.299	−.132	.267
	英语效价	.299	1.000	−.176	.363
	英语焦虑	−.132	−.176	1.000	−.254
	努力程度	.267	.363	−.254	1.000
显著性（单尾）	英语成绩	.	.000	.022	.000
	英语效价	.000	.	.004	.000
	英语焦虑	.022	.004	.	.000
	努力程度	.000	.000	.000	.
个案数	英语成绩	232	232	232	232
	英语效价	232	232	232	232
	英语焦虑	232	232	232	232
	努力程度	232	232	232	232

③ 输入和除去的变量结果(两种方法不相同)。

"输入"方法输出表(表 3-28)：

表 3-28 "输入"方法输入/除去变量表

输入/除去的变量[a]			
模型	输入的变量	除去的变量	方法
1	努力程度，英语焦虑，英语效价[b]	.	输入

a. 因变量：英语成绩。

b. 已输入所请求的所有变量。

解读：该表汇报了所有自变量的信息以及所用的回归方法。本案例中选择的"输入"的方法，也就是强制回归，能使所有自变量一次进入回归方程，而不考虑它们对方程的贡献大小。

"步进"方法输出表(表 3-29)：

表 3-29 “步进”方法输入/除去变量表

输入/除去的变量[a]			
模型	输入的变量	除去的变量	方法
1	英语效价	.	步进(条件:要输入的 F 的概率<=.050,要除去的 F 的概率>=.100)
2	努力程度	.	步进(条件:要输入的 F 的概率<=.050,要除去的 F 的概率>=.100)

a. 因变量:英语成绩。

解读:该表列出了模型、进入回归模型的变量、从模型中剔除的变量以及进入和剔除条件。“模型”栏为回归方程模型编号,这里表明有两个模型。“输入的变量”栏为符合设定条件引入的变量名,这里有“英语效价”和“努力程度”两个变量进入了回归方程模型。“除去的变量”栏为被剔除的变量名,这里没有任何变量被剔除。“方法”栏为加入和剔除自变量的设定标准,即引入模型的标准为 F 的概率值小于或等于.05,剔除的标准为 F 的概率值大于或等于.10。因此“英语效价”和“努力程度”的 F 概率值都小于或等于.05。

④ 模型摘要结果(两种方法不相同)。

“输入”方法输出表(表 3-30):

表 3-30 “输入”方法模型摘要表

模型摘要[b]					
模型	R	R 方	调整后 R 方	标准估算的错误	德宾-沃森
1	.348[a]	.121	.109	5.990 98	2.177

a. 预测变量:(常量),努力程度,英语焦虑,英语效价。

b. 因变量:英语成绩。

解读:该表中的 R(.348)为复相关系数,表明因变量原始值和通过回归方程得到的因变量预测值之间的关联强度,它的值介于 0 和 1 之间。R 方(.121),是 R 的平方,即 R^2,它乘以 100%后,就表示全部自变量作为一个整体所能解释因变量总变异的程度。调整后 R 方(.109),修正了 R 方,以使之能对因变量进行更为准确的估计。值得注意的是,调整后的 R 方的值都小于 R 方的值,是比较保守的估计值。

“步进”方法输出表(表 3-31):

表 3-31 “步进”方法模型摘要表

模型摘要[c]				
模型	R	R 方	调整后 R 方	标准估算的错误
1	.299[a]	.090	.086	6.069 72
2	.344[b]	.119	.111	5.985 21

a. 预测变量:(常量),英语效价。

b. 预测变量:(常量),英语效价,努力程度。

c. 因变量:英语成绩。

解读:该表中的 R 栏表示回归方程的复相关系数,模型 1(英语效价)的复相关系数为.299,表明“英语效价”与“英语成绩”之间线性相关的密切程度,这里的系数不算大,表示相关的密切程度不是太强。模型 1(英语效价)和模型 2(努力程度)的联合复相关系数为.334。模型 1 的 R^2 为.09,即“英语效价”能解释“英语成绩”9%的方差。模型 1 和模型 2 联合的 R^2 决定系数为.119,即“英语效价”和“努力程度”能联合解释“英语成绩”11.9%的方差。可见,“英语成绩”能被这两个变量解释的方差并不大,说明模型对数据的拟合情况并不是很好。在多元回归分析中,用决定系数有助于判断哪个模型最好,一般说来,如果决定系数值高而且变量不是很多时是比较好的模型。如果变量太多,模型就会因为超拟合而难以解释。

小　　结

实验研究是语言研究中常用的定量研究方法,本章介绍了与实验研究密切相关的基本概念,探讨如何设计研究问题、确定变量、确保实验可信度和有效性等问题。对研究者合理构建实验、收集有效数据、分析结果,从而推进语言研究的深入有一定助益。

本章在介绍统计分析的重要概念的基础上,重点借助案例分析说明了如何选择适当的检验方法和进行 SPSS 操作。在理解概念和使用前提的基础上,这些方法、操作能够帮助研究者掌握具体的分析工具、进行结果分析与解读,为语言研究提供科学的统计支持,使结论更加客观、可靠。

思考与讨论

1. 定量研究主要包括哪两个部分？

2. 实验设计主要分为哪几类？各自的特点是什么？

3. 准实验设计与真正的实验设计有哪些区别？

4. 在一项语言研究中，研究人员调查了不同学习方法对学生的阅读理解能力的影响。请辨析下列变量，哪些是自变量，哪些是因变量。

学习方法（如课堂教学、在线学习、个别辅导）

学生的阅读理解能力

阅读速度（字数/分钟）

阅读材料的难度级别（如初级、中级、高级）

学生的年龄

学生的母语背景

阅读理解测试的得分

5. 什么是评价者信度？在语言研究中，评价者信度的评估可以应用于哪些领域或任务？

6. 研究人员想要探究不同学习策略对学生英语写作能力的影响。他们随机将参与者分为两组，一组接受词汇强化训练，另一组接受语法强化训练，并在实验结束后进行写作测试。在这个实验中，如何确保内部效度？如何考虑外部效度？

7. 解释下列名词

(1) 描述统计

(2) 推断统计

(3) 总体

(4) 样本

(5) 随机抽样

(6) 误差

(7) 统计量

(8) 参数估计

(9) 方差分析

(10) 因素或因子

(11) 水平或处理

(12) 观测值

(13) 单因素方差分析

(14) 双因素方差分析

(15) 多因素方差分析

8. 为什么研究中要考虑设计的问题？进行设计时应主要注意哪些问题？

9. 为什么要区分不同的变量和数据？什么是自变量和因变量？假如要研究句子所含命题数与句子阅读时间的关系，何为自变量，何为因变量？

10. 什么是区间估计，它与点估计的主要区别是什么？

11. 假设检验的一般步骤是什么？

12. 假如一所学校有 15 个系，每个系有 20 个自然班，每个班有 25 人左右，共 7300 人。要从中选取一个 100 人的样本，请问：

(1) 最好用什么方法进行抽样？为什么？请说出具体步骤。

(2) 如果要保证样本中男女生各占一半，又如何进行抽样？

(3) 试用随机数表以简单随机抽样的方式从 7300 名学生中选取该样本。

13. 收集某个著名外语类期刊一年度发表的文章，考察并分析其中使用统计方法的文章数量、使用的统计方法类型和涉及的研究方向。

14. t 检验由哪些种类？它们的概念及使用条件分别是什么？

15. 非参数检验中，曼-惠特尼 U 检验与威尔科克森配对符号秩次检验分别适用哪些研究场景？

16. 研究人员在探究音乐对语言学习影响时，将被试随机分成两组：音乐组和非音乐组。音乐组被试在学习英语单词时伴随着背景音乐，而非音乐组则没有。研究人员想要比较两组参与者的英语的单词记忆效果。以下是两组被试在记忆测试中的英语单词记忆得分(表 3-32)：

表 3-32 音乐组和非音乐组比较结果

音乐组	非音乐组
48	45
58	58
71	60
56	51
53	51
62	59

表 3-32(续)

音乐组	非音乐组
64	54
62	40
52	56

请回答以下问题：

(1) 本研究的自变量和因变量是什么？

(2) 本研究的零假设和研究假设分别是什么？

(3) 本研究的 SPSS 操作步骤是什么？

(4) 如何解读输出的数据结果？

17. 一项研究调查了一组被试在接受语言学习课程前后的语法水平变化。研究者想要确定参与者在语法水平上是否存在显著变化。以下是 15 个被试在课程前后语法水平上的得分数据(表 3-33)：

表 3-33　参与者接受语言学习课程前后得分

被试编号	课程前	课程后
01	65	70
02	70	75
03	72	78
04	68	71
05	75	80
06	80	85
07	74	79
08	70	72
09	67	71
10	73	77
11	69	73
12	71	76
13	77	81
14	72	74
15	76	80

请回答以下问题：

(1) 本研究的自变量和因变量是什么？

(2) 本研究的零假设和研究假设分别是什么？

(3) 本研究的 SPSS 操作步骤是什么？

(4) 如何解读输出的数据结果？

18. 在什么情况下使用方差分析？

19. 方差分析的基本假定有哪些？

20. 什么是相关分析？

21. 根据相关程度和相关方向，相关分析又分为哪几种类型？

22. 在什么情况下选择皮尔逊相关？什么情况下选择斯皮尔曼相关？

23. 表 3-34 中成绩是否与性别相关？

表 3-34 被试者成绩

被试者	1	2	3	4	5	6	7	8	9
性别	男	女	女	男	女	男	男	男	女
成绩	83	91	95	84	89	87	86	85	88

24. 什么是回归分析？

25. 回归分析与相关分析之间有什么关系？

第四章　其他研究工具

引　言

当前,科技的创新突破越来越倚仗于多学科的交叉、融合。加强跨学科人才培养,既是科技、经济与社会发展的迫切需要,也成为世界各国高等教育界的共识。在语言研究过程中也可运用一些数学分析类的新工具,以达到多学科交叉研究的目的,从而不断促进多种学科的融合发展。

伴随着信息化进程不断推进,近年来,以规模性(Volume)、多样性(Variety)、高速性(Velocity)和价值性(Value)的"4V"特征著称的"大数据"(Big Data),开始改变人类的社会生活和思维方式,并形成了新的研究范式(李国杰,2015)。信息时代对语言研究提出了挑战,同时也带来了新的机遇。信息的主要载体之一是语言,信息时代的语言研究可能要同时考虑人和计算机的需要,这是一种信息时代的语言观。数据驱动意味着语言研究应该适应信息时代特征,也就是我们今天常听到的"大数据"。基于数据的方法为我们提供了感知研究对象的量化维度,令我们对研究对象有一个更清晰、更精确、更细微的认识。此外,数据能更好地帮助我们研究人类的语言规律和认知规律之间的关系。语言是一个符号系统。语言的结构模式和演化规律均受到生理、心理、认知等内部因素,以及自然、社会等外部因素的综合影响。其中,内部因素的普遍性决定了语言的共性,外部因素的差异造就了语言的多样性。一方面,认知普遍性在一定程度上决定了语言的普遍性;另一方面,人生活在一定的自然环境和社会环境中,这些自然、社会、文化等因素可能会对语言有所影响,从而形成了世界上多种多样的语言。因此,从大量来自于真实语言运用的数据出发,有助于我们更好地发现或解释人类语言的普遍性和多样性(刘海涛 等,2018)。

基于此，本章针对信息化时代语言研究要面临的数据处理问题，介绍常用的几种实用研究工具，以方便语言研究者借助以下几种工具开展分析研究。

第一节 Matlab

Matlab 是美国 MathWorks 公司出品的商业数学软件，用于数据分析、无线通信、深度学习、图像处理与计算机视觉、信号处理、量化金融与风险管理、机器人、控制系统等领域。

Matlab 是 Matrix 和 Laboratory 两个词的组合，意为矩阵工厂（矩阵实验室），软件主要面对科学计算、可视化以及交互式程序设计的高科技计算环境。它将数值分析、矩阵计算、科学数据可视化以及非线性动态系统的建模和仿真等诸多强大功能集成在一个易于使用的视窗环境中，为科学研究、工程设计以及必须进行有效数值计算的众多科学领域提供了一种全面的解决方案，并在很大程度上摆脱了传统非交互式程序设计语言（如 C、Fortran）的编辑模式。

Matlab 和 Mathematica、Maple 并称为三大数学软件。Matlab 的基本数据单位是矩阵，它的指令表达式与数学、工程中常用的形式十分相似，故用 Matlab 来解算问题要比用 C、FORTRAN 等语言完成相同的事情简捷得多，并且 Matlab 也吸收了像 Maple 等软件的优点，使 Matlab 成为一个强大的数学软件。在新的版本中 Matlab 也加入了对 C、FORTRAN、C++、JAVA 等的支持（图 4-1）。

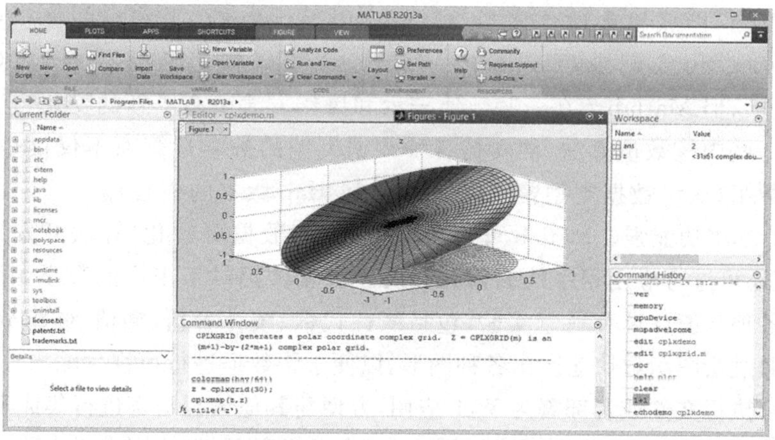

图 4-1 Matlab 操作界面

一、Matlab 的基本组成

Matlab 语言：它是一种高级矩阵语言，带有独特的数据结构、输入输出、流程控制语、函数及面对象的特点。它集计算、数据可视化和程序设计于一体，并能将问题和解决方案以用户熟悉的数学符号表示出来。

Matlab 数学函数库：这是一个包含大量数学函数的集合，从最简单、最基本的加法、减法、正弦、余弦等到矩阵的转置、分解和信号的快速傅立叶变换等较复杂的函数。

工作环境：一个集成了许多应用程序和工具的工作空间。这些工具可以方便用户使用 Matlab 的函数和文件，包括命令窗口、命令历史窗口和在线帮助文档等。

Matlab 应用程序接口（API）：这是一个允许用户编写可以和 Matlab 进行交互的 C、Fortran 和 VB 语言程序的库。如从 Matlab 中调用 C、Fortran 和 VB 程序、输入和输出数据及与其他应用程序之间建立关系。

图形处理：用 Matlab 可以将向量和矩阵以图形的形式表示出来，并且可以对图形进行标注和打印低层次的作图包括直角坐标做图、极做图和符号图形等，高层次的作图包括三维数据可视化图像处理、动画等。

二、Matlab 的主要特点

（1）交互体验好。Matlab 是一个写程序与执行命令同步的交互式系统，且 Matlab 有一套程序扩展系统和一组称之为工具箱（Toolboxes）的特殊应用子程序，能够方便使用者进行数据分析。最新版的 Matlab 7 与升级之前的界面并没有太大改变，仍然包含命令窗口（Command Window）、工作空间窗口（Work-Space）、命令历史记录（Command History）窗口和当前路径窗口（Current Directory），但 Matlab 7 在一些数值表示和操作方法上有了新的变化，它添加和修改了一些内核数值算法，能支持各种数据类型的数学运算而不仅仅是双精度类型的数组（这一数据类型曾一度是较早 Matlab 版本的核心）。

（2）基本功能强。Matlab 可进行数值计算、数据可视化、算法开发、数据建模，甚至还可进行应用程序的编辑和开发。该软件提供了丰富的数学函数库，可以进行各种数值计算和科学实验，包括线性代数、统计分析、插值、微积分等。此外还可通过绘图函数快速产出各种图形，以便于将数据进行可视化输出。ab 代码转换为可执行文件或者部署为 Web 应用，方便与其他编程语言进行集成和使用。

（3）应用领域多。该软件能够应用于多种学科领域，尤其是电气、机械和通信等领域。它具备强大的数据处理能力，在数学类科技应用软件中首屈一指。

Matlab 将数值分析、矩阵计算、科学数据可视化以及非线性动态系统的建模和仿真等诸多强大功能集成在一个易于使用的视窗环境中，为科学研究、工程设计以及必须进行有效数值计算的众多科学领域提供了一种全面的解决方案，并在很大程度上摆脱了传统非交互式程序设计语言的编辑模式，代表了当今国际科学计算软件的先进水平。

三、Matlab 在语言研究中的应用

语音技术的应用已经成为一个具有竞争性的高新技术产业，它正在直接与办公、交通、金融、公安、商业、旅游等行业的语音咨询与管理，工业生产部门的语声控制，电话、电信系统的自动拨号、辅助控制与查询以及医疗卫生和福利事业的生活支援系统等各种实际应用领域相接轨，并且有望成为下一代操作系统和应用程序的用户界面，且语音技术是一个语言学、计算机科学、心理学等相互交叉的领域，更需要借助效率较高、容易操作的数据分析软件来进行数据处理。

由于 Matlab 具备高效的数值计算及符号计算功能，能使用户从繁杂的运算分析中解脱出来，并能够高效地进行语言数据分析。因此，该软件可用于语音信号等信息的处理，从而为语音技术的应用提供新的思路。有效的语音检测技术不仅能减少系统的处理时间、提高系统的处理实时性，而且能排除无声段的噪声干扰，从而使后续工作的性能得以较大提高。

在 Matlab 对语音信号进行采集和处理的基础上，可利用 GUI 界面设计语音信号处理的仿真平台。在仿真平台点击相应的控件后，可以快速获取特定的时域、频域图像；并基于此实现四种经典的 IIR 滤波器设计，通过对其滤波器特征曲线的比较以及所选参数的修改，从而实现对语音信号的降噪处理，使得语音信号的识别更为精准、完善（图 4-2）。

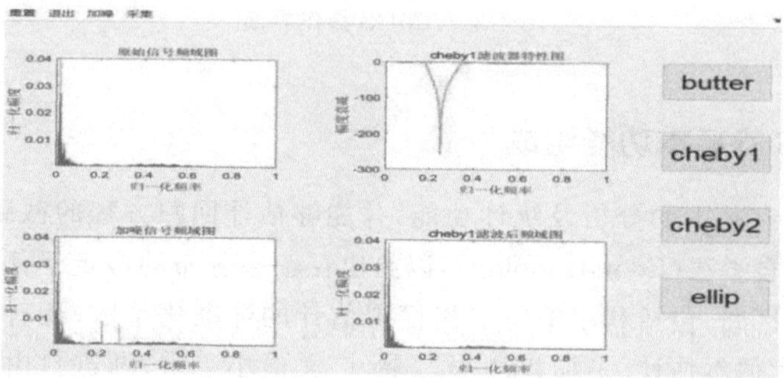

图 4-2　滤波器示意图

第二节　AMOS

AMOS 全称是 Analysis of Moment Structure，这是一款强大的结构方程建模（SEM）软件，能够帮助用户轻松制作出各种 AMOS 模型，为用户进行数据分析提供了便利。该软件具有模型分析统计功能，能够帮助用户自动分析模型，满足用户的各种建模功能需求；同时，该软件还支持通过扩展标准多变量分析方法（包括回归、因子分析、相关分析以及方差分析）来支持研究和理论。使用直观的图形或程序化用户界面构建态度和行为模型，与标准多变量统计方法相比，这些模型可以更准确地反映复杂关系。AMOS 是 SPSS 的姊妹软件，用于处理结构方程模型的软件。除 AMOS 外，还有 LISREL 和 EQS 等软件也可用于结构方程模型分析（图 4-3）。

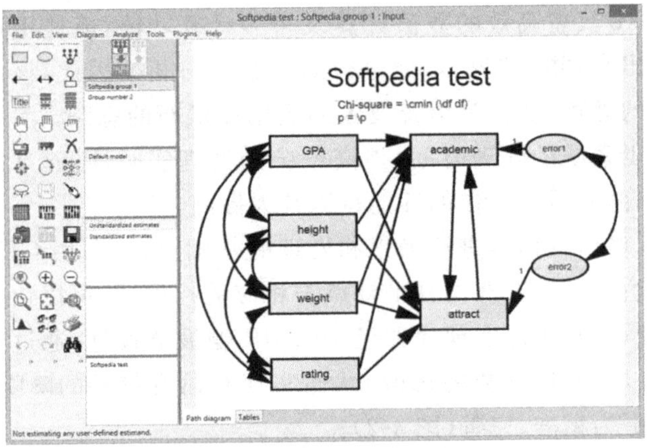

图 4-3　AMOS 操作界面

一、AMOS 的基本功能组成

该软件有基本的分析及统计功能，并能够估计回归方程的截距，可以对任意参数执行自举法（Bootstrapping），以给出在正态分布的假定下任意模型参数的近似置信区间，包括利用蒙特卡洛模拟估计的标准化系数；还有多种估计方法，包括最大似然估计、未加权最小二乘、广义最小二乘、渐进自由分布标准以及自由尺度最小二乘等。

该软件可在存在缺失数据的情况中，利用全部信息的最大似然方法，获得更有效、小偏差的估计;可利用快速自举(Bootstrap)模拟方法获得任意检验分布下任意参数的近似置信区间,包括标准化系数;可利用博伦-斯汀拔靴法(Bollen-Stine Bootstrap)评估模型;计算百分位数置信区间以及修正偏差的百分位数置信区间;同时还能通过随机置换检验探查是否存在等价的或拟合更好的模型并可在路径图上给两个或以上参数设置相同标签实现在同一个组或者不同组间参数相等的约束,包括均值、截距、回归权重、协方差;并可估计外生变量均值。

二、AMOS 的特点

(1) 软件功能强大

结构方程模型(SEM)是一种多元分析技术,它包含标准的方法,并在标准方法的基础上进行了扩展。这些方法包括回归技术、因子分析、方差分析和相关分析。AMOS 让 SEM 变得容易,它拥有的直观的拖放式绘图工具。使用 AMOS,能够比单独使用因子分析或回归分析能获得更精确、丰富的综合分析结果。AMOS 构建方程式模型过程中的每一步骤均能提供图形环境,只要在 AMOS 的调色板工具和模型评估中以鼠标轻点绘图工具,便能轻松指定或更换模型。

(2) 数据遗漏较少

AMOS 处理缺失值的最大特色就是拥有完全信息最大似然功能(Full Information Maximum Likelihood),即使资料不完整,AMOS 也不会遗漏任何一个情况,并且会自动计算正确的标准误差及适当的统计量,降低估算值偏差,使工作更有效率。此外,还能够实现对序次分类变量和缺失数据的估计。因此,无需对数据进行数值化处理就可以基于非数值数据创建模型,同时也可以在处理缺失数据时除了正态性假设以外,无需对数据进行其他任何假设。本软件为序次分类变量及缺失数据填补数值。填补后的结果数据集还可作为后续其他程序的输入。在潜变量模型分析中,根据事后评估的概率分布来确定缺失或部分缺失数据的可能取值。

(3) 软件操作简易

AMOS 交互的、可视化的建模方式,使结构方程建模变得简单易学,便于使用。在 AMOS 界面下,可以利用画图工具创建路径图,而不是通过写方程或编写命令的方式实现。AMOS 包括 36 个完整的结构方程建模实例,并具有丰富的在线帮助系统,甚至还可以利用常用的 Microsoft 程序语言如 VB、C# 扩展 AMOS 的功能。一旦建立好模型,使用者只需点击鼠标就可对模型的拟合度进行评估,并能以演示质量打印模型和结果。

三、AMOS在语言研究中的应用

雷蕾和韦瑶瑜(2007)为研究非英语专业大学生写作障碍,借助写作者障碍量表(Writer's Block Questionnaire,Rose,1984),研究170名某大学非英语专业本科一年级学生。写作者障碍量表包含24个项目,在雷蕾和韦瑶瑜研究中的信度显著(Cronbach's alpha=.843)。因为写作障碍不可直接测量,是潜在变量,通过发放量表的方法来对它进行研究,所以量表项目是观测变量。

第一步,通过结构方程建模来验证探索性因子分析的结果(即验证性因子分析)。在AMOS Graphics中绘制出路径图单击工具栏中的"Select data file(s)"按钮,选择研究数据(SPSS格式),以供AMOS计算。

第二步,对于模型估计方法的设定,AMOS缺省设定极大似然估计来进行参数估计。接下来进行模型检验。单击工具栏中的"Calculate estimates"按钮,AMOS即开始模型参数估计计算。计算完成后,单击"View text"按钮,查看模型检验结果。根据AMOS报告的该研究各项拟合指数,发现该模型数据拟合并不理想,因此,参照AMOS提供的模型修正指数依次将其中出现偏差的数值进行修正。结果表明,修正后的模型拟合指数达到可以接受的水平,即该结构模型数据拟合显著。研究得出非英语专业大学生具有写作障碍,而写作障碍主要有任务过于复杂、构思不成熟和写作态度不当等三种形式。

第三步,单击主界面中间一列"View the output path diagram"按钮,可查看最终带有标准路径系数(Standardized Path Coefficient)的输出路径图,以完成整个建模过程。

因结构方程建模是唯一能同时对复杂的多维变量之间关系进行全面检验的统计方法,所以其能够对多种复杂的语言逻辑和数字指标进行分析。结构方程模型在应用语言学研究领域具有广阔的应用前景,利用AMOS软件进行结构方程建模简单易学、可操作性强,近年来已成为语言研究中结构方程建模的主流软件。

第三节 CiteSpace

CiteSpace是一种文献计量的建模软件。文献计量学使用定量的方法来描述和监测已发表的研究,通过这种系统的、透明的、可重复的审查过程,克服了叙事型文献综述的主观偏见。CiteSpace 支持多种类型的文献计量学研究,包括机构共引分析、作者合作网络分析以及主题和领域共现的可视化,使用科学的制图程序帮助研究者对领域的结构、动态模式和趋势进行可视化分析研究,使研究者能够直观地辨识出学科前沿的演进路径及经典基础文献。该软件是由美国德雷克赛尔大学(费城)信息科学与技术学院(the College of Information Science and Technology, Drexel University)陈超美教授研究开发的软件,也是近年来信息分析领域最具影响力的信息可视化软件,以其强大的文献共引分析而知名,且随着算法的发展,功能也在不断地优化提升。当前 CiteSpace 已经被广泛应用于计算机科学、信息科学以及医学等多个领域。

一、CiteSpace 的基本功能组成

CiteSpace 可以通过可视化手段来呈现学科知识的结构、规律以及分布情况,并生成可视化知识图谱,从而探究某一研究领域的研究热点、研究前沿、主要作者和机构等相关信息(图 4-4)。使用者可以运用该工具得到各种信息,如引用聚类功能可以帮助用户了解哪些文章被引最多,或按时间轴进行分析,从而可以发现该领域下各个话题的发展趋势及研究热点。此外,还能够分析在整个研究领域中占据主流地位的主题有哪些、该领域发文最多的国家和机构以及某一领域中的开山式文献和里程碑式文献。

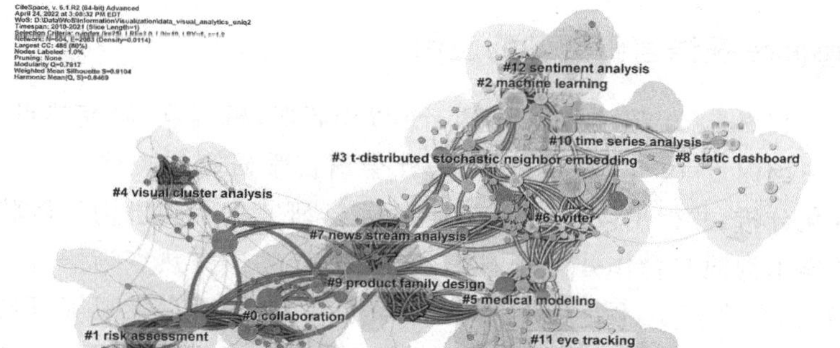

图 4-4 CiteSpace 操作界面

二、CiteSpace 的特点

(1) 多元融合

CiteSpace 创造性地将引证分析(历时性)和共引分析(结构性)方法综合起

来，创建了从“知识基础”映射到“知识前沿”的理论模型。

(2) 用途广泛

由于 CiteSpace 在美国科研机构的迅速应用，软件的更新速度更是比一般图谱软件（比如 SPSS、TDA、Ucinet）快得多，且数据主要来源于 Web of Science。基于其强大的功能、权威的数据来源，几乎所有类型的科学知识分析任务都可以在 CiteSpace 中完成。

(3) 易于操作

CiteSpace 简单易学，使用者只需付出很小的成本就可以让自己从各种数据中解脱出来，而且目前最新的科学动向和图谱技术大多来源于 CiteSpace，它的易用性强、通用度高。

(4) 视图直观

CiteSpace 可以用来观察某个研究领域的研究趋势或动向，并以可视化的方式加以呈现，可以直观地了解各研究领域的热点话题、重要学者和研究机构。CiteSpace 基于引文分析的学科基础和基于信息可视化的技术基础，可以将一些基本观点和现象进行概念化和可视化；其结合了人类视觉的优势和计算机计算的优势，更适用于研究某个主题的演进过程，所以有针对性地进行主题检索效果相对更好。CiteSpace 具有的寻找径的知识图谱功能，可以展现某一个学科领域演进的关键路径。

三、CiteSpace 在语言研究中的应用

刘倩云和焦丹(2022)通过 CiteSpace 以作者群、机构群、研究热点等作为关键分析点对国内近 10 年(2011—2021)社会语言学研究的现状、热点和前沿进行了可视化分析，并得出以下结论：社会语言学研究作者和机构呈散状分布，学界内部的学术沟通与合作处于薄弱状态；近 10 年的研究热点为语言变异、语码转换、认知社会语言学、网络语言、方言学、性别差异、语言景观等，研究视角多元化，传统研究内容持续成为研究热点，跨学科研究发展势头明显；语言变异与语言景观有望成为国内社会语言学未来的研究趋势与方向。

基于引文分析的学科基础和基于信息可视化的技术基础可以将一些基本观点和现象进行概念化和可视化。CiteSpace 还结合了人类视觉的优势和计算机计算的优势，更适用于研究某个主题的演进过程，这种检索的方法能够更直接地解决一些有针对性的主题。语言研究者能够通过 CiteSpace 对权威期刊的信息进行梳理和分类，同时借助 CiteSpace 自动生成的文献分布图确定当前语言学研究的热点话题，帮助研究者更好地分析、解决当下语言研究中存在的新问题。

第四节 ChatGPT 的应用

从传统上讲，调查和研究是分不开的，更是一个科研人员所要牢牢掌握的基本技能。借助以上几种数据分析软件进行科研工作，可以帮助研究者更高效地处理、分析和解释数据，提升科研工作的质量和效率。但是，随着 ChatGPT 的发布，各种关于其是否会对学术界造成影响的讨论便不绝于耳。

ChatGPT(Chat Generative Pre-trained Transformer)，是 OpenAI 研发的聊天机器人程序，于 2022 年 11 月发布。该程序是人工智能技术驱动的自然语言处理工具，它能够基于在预训练阶段所见的模式和统计规律来生成回答，还能根据聊天的上下文进行互动，真正像人类一样聊天交流，甚至能完成撰写邮件、视频脚本、文案、翻译、代码、写论文等任务。

从本质上讲，该程序是一种大型语言模型，它能够自主进行学习。由于免费、易用的突出特点，众多研究者已经在使用 ChatGPT 进行科研、文稿撰写、信息收集等工作，甚至其中的不少人已经在使用 ChatGPT 进行数据分析、确定研究差距、增补和确定代码。在语言学研究中，可以将其运用语义分析和语料库建设等环节，应用前景十分广阔。从远期来看，此项技术将达到设计实验、完成手稿、完成同行评审和拒绝稿件的程度。其功能之强大可见一斑，但作为一个语言模型，ChatGPT 在使用中可能会有以下缺点：

① 数据不够稳定。ChatGPT 的训练数据主要来自互联网，其中包含了大量的信息和文本。尽管有过滤和预处理，但仍然存在不准确、过时或者带有偏见的信息，这可能导致模型在回答科研问题时存在不确定性或者错误。若使用此类数据而不加验证的话，势必会对科研结论造成误导。

② 理解能力有限。虽然 ChatGPT 可以生成连贯的回复，但它并没有真正的理解和推理能力，仅仅是基于统计模型预测概率最高的回答。对于一些复杂的科研问题，特别是需要深入思考、集成多方信息的问题，ChatGPT 可能无法提供准确和全面的答案。

③ 易受信息引导。ChatGPT 的回答往往受到输入问句的引导和上下文的影响。这意味着如果使用者提供的信息有误导性或者不完整，可能导致模型生成错误的回答。这对于科研来说是一个潜在问题，因为科研需要准确和可靠的信息。

④ 缺乏实时更新。ChatGPT 的训练数据一般是在过去收集的，这也就意味着模型可能无法提供与最新研究成果相关的信息。

虽然有着以上这些缺点，但 ChatGPT 应用于科研中是大势所趋。即便 ChatGPT 为科研人员提供了一扇通往方便科研、加速研究过程的大门，但它也可能降低科研的质量和透明度，并从根本上改变我们作为人类研究人员的自主权，甚至影响到科研的公正性、透明度。在使用此类工具对相关数据生成相关论述和结论之前，可使用 Matlab、AMOS 等数据分析工具进行核查，以免造成数据不实的情况，对受众造成误导。鉴于 ChatGPT 的强大功能，将其运用于科研工作时，应当加强人工验证工作、制定相应问责机制，以避免出现科研不当或学术不端行为。

科研需要一代代人投入漫长而严谨的历练，科研成果的本质是人类思想的结晶，绝非某种工具一朝一夕便可轻易得出。任何工具都应该为提升科研工作效率而服务，而非鸠占鹊巢、反客为主，直接取代科研人员的角色。既然 ChatGPT 进入学术研究领域的趋势不可避免，不如提早立下规矩圈定其参与科研工作中的“能”与“不能”的界限，同时对 ChatGPT 进行学术审查，以保证学术界的风朗气清，让 ChatGPT 真正为科研人员所用，成为学术研究的得力工具。

思考与讨论

1. 信息化时代语言研究面临的挑战是什么？
2. 基于数据的语言研究的意义是什么？
3. 适用于语言研究的研究工具有哪些？它们的特点是什么？
4. 通过本章的介绍，简要阐述一下你将在哪些研究当中运用到以上工具。
5. CiteSpace 为论文写作提供了哪些方便？
6. 你对 ChatGPT 在科研中的应用有什么看法？

主要参考文献

[1] ADLER P A, ADLER P, 1987. Membership roles in field research[M]. California: SAGE Publications, Inc.

[2] ANDERSON E, 1997. The police and the black male[C]//ADLER P A, ADLER P. Constructions of deviance: social power, context, and interaction. 2nd ed. California: Wadsworth: 142-152.

[3] BASZANGER I, DODIER N, 1997. Ethnography: Relating the Part to the Whole[M]//SILVERMAN D. Qualitative research: theory, method and practice. London: SAGE Publications Ltd: 8-23.

[4] BRAGG S, 2007. But I listen to children anyway: teacher perspectives on pupil voice[J]. Educational Action Research, 15(4): 508-515.

[5] BROWN J D, 1988. Understanding research in second language learning: A teacher's guide to statistics and research design[M]. Cambridge: Cambridge University Press.

[6] BROWN J D, 2001. Using surveys in language programs[M]. Cambridge: Cambridge University Press.

[7] BRYANT A, 2002. Re-grounding grounded theory[J]. Journal of information technology theory and application, 4: 25-42.

[8] BURGESS R G, 1984. In the field[M]. London: Allen & Unwin.

[9] BURNS A, 2009. Action research[C]//JUNAITA H, ROBERT A C. Qualitative research in applied linguistics: a practical introduction. New York: Palgrave Macmillan: 112-134.

[10] BURNS A, 1999. Collaborative action research for English language teachers[M]. Cambridge: Cambridge University Press.

[11] CARR W, KEMMIS S, 1986. Becoming critical: knowing through action

research[M]. London: Falmer Press.

[12] CHARMAZ K, 2006. Constructing grounded theory: a practical guide through qualitative analysis[M]. London: Sage Publications.

[13] CHARMAZ K, 2008. Grounded theory as an emergent method[C]// HESSE-BIBER S N, LEAVY P. Handbook of emergent methods. New York: Guilford Press: 155-170.

[14] CHARMAZ K, 2000. Grounded theory: objectivist and constructivist methods[C]// DENZIN N K, LINCOLN Y S. Handbook of qualitative research. 2nd ed. California: SAGE Publications, Inc: 509-536.

[15] CHARMAZ K, 2003. Grounded Theory[C]//SMITH J A. Qualitative psychology: a practical guide to research methods. London: SAGE Publications Ltd: 81-110.

[16] CLANDININ D J, CONNELLY F M, 2000. Narrative inquiry: experience and story in qualitative research[M]. San Francisco: Jossey-Bass Publishers.

[17] CLANDININ J, ROSIEK J, 2007. Mapping a landscape of narrative inquiry: borderland spaces and tensions[C]//CLANDININ J. Handbook of narrative inquiry: mapping methodology. London: SAGE Publications Ltd: 35-75.

[18] CONNELLY F M, CLANDININ D J, 1990. Stories of experience and narrative inquiry[J]. Educational Researcher, 19(5): 2-14.

[19] CORBIN J, STRAUSS A, 2008. Basics of qualitative research: techniques and procedures for developing grounded theory[M]. California: SAGE Publications, Inc.

[20] DREW P, HERITAGE J, 1992. Talk at work: interaction in institutional settings[M]. Cambridge: Cambridge University Press.

[21] DREW P, 2005. Conversation analysis[C]//KRISTINE L F, ROBERT E S. Handbook of language and social interaction. New Jersey: Lawrence Erlbaum Associates Publishers: 71-102.

[22] DREW P, 2013. Turn design[C]//SIDELL J, STIVERS T. The handbook of conversation analysis. Chichester: Wiley-Blackwell: 131-149.

[23] FLYNN S, 1984. A universal in L2 acquisition based on a PBD typology. Eckman F R, Bell L H, Nelson D(eds.). Universals of second language

acquisition[M]. Rowley: Newbury House:75-87.

[24] FORD C E, THOMPSON S A, 1996. Interactional units in conversation: syntactic, intonational, and pragmatic resources for the management of turns[C]//OCHES E, SCHEGLOFF E A, THOMPSON S A. Interaction and grammar. Cambridge: Cambridge University Press:134-184.

[25] GARFINKEL H, 1967. Studies in ethnomethodology [M]. Englewood Cliffs, Prentice-Hall.

[26] GEERTZ C, 1973. The interpretation of cultures[M]. New York: Basic Books.

[27] GIBOSN B E, 2008. Vediorecording[C]//LISA M G. The sage encyclopedia of qualitative research methods. Los Angeles: SAGE Publications: 916-918.

[28] GIVEN L M, 2008. The Sage encyclopedia of qualitative research methods[M]. Los Angeles: Sage Publications.

[29] GLASER B G, STRAUSS A L, 1967. The discovery of grounded theory [M]. New York: Aldine.

[30] GLASER B G, 2005. The grounded theory perspective iii: theoretical coding[M]. California: Sociology Press.

[31] GLASER B G, 1978. Theoretical sensitivity[M]. California: Sociology Press.

[32] GOFFMAN E, 1983. The interaction order[J]. American Sociological Review, 48:1-17.

[33] GOFFMAN E, 1959. The presentation of self in everyday life[M]. New York: Anchor Books, Doubleday.

[34] GOLD R L, 1958. Roles in sociological field observations [J]. Social Forces, 36(3):217-223.

[35] GRILLS S, 1998. An invitation to the field: fieldwork and the pragmatists' lesson[M]//GRILLS S. Doing ethnographic research: fieldwork settings. California: Sage Publications, Inc:3-20.

[36] HAMMERSLEY M, ATKINSON P, 1983. Ethnography: principles in practice[M]. London: Routledge.

[37] HOLLIDAY A, 2007. Doing and writing qualitative research[M]. 2nd ed.

London:SAGE Publications.

[38] HEIGHAM J,CROKER R A,2009. Qualitative Research in Applied Linguistics[M]. London:Palgrave Macmillan UK.

[39] JOHNSON D,1983. Natural language learning by design: A classroom experiment in social interaction and second language acquisition[J]. TESOL Quarterly,17(1):55-68.

[40] KVALE S,1996. Interviews:an introduction to qualitative research interviewing[M]. Thousand Oaks,Calif. :Sage Publications.

[41] LEMLEY C K, MITCHELL R W, 2012. Narrative inquiry: stories lived, stories told[C]//STEPHEN D L, MARYLYNN T Q, FRANCES J R. Qualitative research: an introduction to methods and designs. California: John Wiley & Sons, Inc:215-241.

[42] LEMPERT L B,2007. Asking questions of the data: memo writing in the grounded theory tradition[C]//BRYANT A, CHARMAZ K. The sage handbook of grounded theory. California: SAGE Publications, Inc:244-264.

[43] LEWIS-BECK M S,BRYMAN A,LIAO T F,2004. The Sage encyclopedia of social science research methods[M]. Thousand Oaks,Calif. :Sage.

[44] LIEBLICH A, TUVAL-MASHIACH R, ZILBER T,1998. Narrative research: reading, analysis, and interpretation[M]. California: SAGE Publications, Inc.

[45] MACDONALD S,2001. British social anthropology[C]//ATKINSON P, COFFEY A, DELAMONT S, et al. Handbook of ethnography. London: SAGE Publications Ltd:60-79.

[46] MACKEY A, GASS M,2016. Second language research methodology and design[M]. New York: Routledge Taylor & Francis Group.

[47] MARGUTTI P, TAINIO L, DREW P, et al,2018. Invitations and responses across different languages: observations on feasibility and relevance of a cross-linguistic comparative perspective on the study of actions[J]. Journal of Pragmatics,125:52-61.

[48] MARVASTI A B,2004. Qualitative research in sociology - an introduction[M]. London: SAGE Publications Ltd.

[49] MAYBIN J,2006. Children's voices: talk, knowledge and identity[M].

Basingstoke: Palgrave Macmillan.

[50] MERRIAM S B,1988. Case study research in education[M]. San Francisco: Jossey-Bass.

[51] MOORE T S, LAPAN S D, QUARTAROLI M T,2012. Case study research[C]// STEPHEN D L, MARYLYNN T Q, FRANCES J R. Qualitative research: an introduction to methods and designs. California: John Wiley & Sons, Inc:243-270.

[52] MORGAN D L, GUEVARA H,2008. Audiorecording[C]//LISA M G. The sage encyclopedia of qualitative research methods. California: SAGE Publications, Inc:40-41.

[53] MORSE J M, STERN P N, CORBIN J, et al,2009. Developing grounded theory: a second generation[M]. California: Left Coast Press.

[54] MURRAY G,2009. Narrative inquiry[C]//JUNAITA H, ROBERT A C. Qualitative research in applied linguistics: a practical introduction. New York: Palgrave Macmillan:45-65.

[55] OLSON L L,JAY SAMUELS S,1973. The relationship between age and accuracy of foreign language pronunciation[J]. The Journal of Educational Research,66(6):263-268.

[56] OYAMA S A,1976. Sensitive period for the acquisition of a nonnative phonological system [J]. Journal of Psycholinguistic Research, 5: 261-283.

[57] PEACOCK J L,1986. The anthropological lens: harsh lights, soft focus [M]. Cambridge: Cambridge University Press.

[58] RASINGER S M,2013. Quantitative research in linguistics: an introduction [M]. 2nd ed. London: Bloomsbury Publishing.

[59] RICHARDS K,2003. Qualitative inquiry in TESOL[M]. New York:Palgrave Macmillan.

[60] RIESSMAN C K,2008. Narrative methods for the human sciences[M]. California: SAGE Publications, Inc.

[61] SACKS H,SCHEGLOFF E A,JEFFERSON G,1974. A simplest systematics for the organization of turn-taking for conversation[J]. Language,50(4):696-735.

[62] SCHUTZ A,1971. The stranger: an essay in social psychology[C]//

BRODERSON A. Alfred schutz: collected paper ii: the problem of social reality. The Hague: Martinus Nijohoff:99-117.

[63] SELIGER H W, SHOHAMY E,1999. Second language research methods[M]. 上海:上海外语教育出版社.

[64] SHAFFIR W, 1998. Doing ethnographic research in jewish orthodox communities: the neglected role of stability[C]//GRILLS S. Doing ethnographic research: fieldwork settings. California: SAGE Publications, Inc:48-64.

[65] SILVERMAN D,2000. Doing qualitative research[M]. London: SAGE Publications Ltd.

[66] SMITH S K,2008. Diaries and journals[C]//LISA M G. The sage encyclopedia of qualitative research methods. California: SAGE Publications, Inc:213-215.

[67] SOMEKH B,2008. Action research[C]//LISA M G. The sage encyclopedia of qualitative research methods. California: SAGE Publications, Inc:4-7.

[68] SPRADLEY J P, 1980. Participant observation[M]. New York: Holt, Rinehart and Winston.

[69] STAKE R E,1995. The art of case study research[M]. Thousand Oaks: Sage Publications.

[70] STRAUSS A,CORBIN J,1998. Basics of qualitative research: techniques and procedures for developing grounded theory[M]. 2nd ed. Thousand Oaks: Sage Publications.

[71] TAYLOR S J, BOGDAN R, DEVAULT M L, 2016. Introduction to qualitative research methods: a guidebook and resource [M]. New Jersey: John Wiley & Sons, Inc.

[72] TEDLOCK B,2000. Ethnography and ethnographic representation[C]// DENZIN N, LINCOLN Y. Handbook of qualitative research. 2nd ed. California: SAGE Publications, Inc.

[73] THORNBERG R, CHARMAZ K, 2012. Grounded theory[C]// STEPHEN D L, MARYLYNN T Q, FRANCES J R. Qualitative research: an introduction to methods and designs. California: John Wiley & Sons, Inc:41-67.

[74] THORNBERG R,2008. A categorisation of school rules. Educational Studies,34:25-33.

[75] TRAUGOTT M W,2004. Self-report measure[C]//MICHAEL S L, ALAN B, TIM F L. The sage encyclopedia of social science research methods. California: SAGE Publications, Inc:1014.

[76] VIDICH A J,LYMAN S M,1985. American sociology:worldly rejections of religion and their directions[M]. New Haven:Yale University Press.

[77] WEBER M,1946. Science as a vocation[C]//HANS G, WRIGHT C M. From max weber: essays in sociology. New York: Oxford University Press:129-156.

[78] WOLCOTT H F,1994. Transforming qualitative data:description,analysis,and interpretation[M]. Thousand Oaks,Calif. :Sage Publications.

[79] YIN R K,2003. Case study research:design and methods[M]. 3rd ed. Thousand Oaks,Calif. :Sage Publications.

[80] 鲍贵,魏新俊,2020. 二语习得研究中的常用统计方法[M]. 2 版. 北京:北京大学出版社.

[81] 陈军,2019. 经济管理类专业《统计学》实验教程:基于 Excel 和 SPSS/Stata 操作与应用[M]. 北京:经济管理出版社.

[82] 陈向明,1996. 定性研究方法评介[J]. 教育研究与实验,3:62-68.

[83] 陈向明,1996. 社会科学中的定性研究方法[J]. 中国社会科学,6:93-102.

[84] 陈向明,2015. 扎根理论在中国教育研究中的运用探索[J]. 北京大学教育评论,13(1):2-15.

[85] 陈向明,2000. 质的研究方法与社会科学研究[M]. 北京:教育科学出版社.

[86] 叶蜚声,徐通锵,2010. 语言学纲要[M]. 4 版. 北京:北京大学出版社.

[87] 索绪尔,2009. 普通语言学教程:珍藏本[M]. 高明凯,译. 北京:商务印书馆:12-29.

[88] 高一虹,李莉春,吕珺,1999. 中、西应用语言学研究方法发展趋势[J]. 外语教学与研究,2:8-16.

[89] 高一虹,吴红亮,李莉春,2000. 关于外语教学研究方法的调查[J]. 外国语(上海外国语大学学报),1:68.

[90] 桂诗春,宁春岩,1997. 语言学方法论[M]. 北京:外语教学与研究出版社.

[91] 桂诗春,宁春岩,1997. 语言学研究方法[J]. 外语教学与研究,3:16-18.

[92] 韩宝成,2000. 外语教学科研中的统计方法[M]. 北京:外语教学与研究出

版社.
[93] 贾俊平,何晓群,金勇进,2018.统计学[M].7版.北京:中国人民大学出版社.
[94] 金立鑫,2007.语言研究方法导论[M].上海:上海外语教育出版社.
[95] 雷蕾,韦瑶瑜,2007.中国非英语专业大学生写作障碍实证研究[J].中国英语教学,30(5):13-18.
[96] 雷蕾,2016.应用语言学研究设计与统计[M].武汉:华中科技大学出版社.
[97] 李国杰.对大数据的再认识[J].大数据,2015(1):8-16.
[98] 李金德,秦晶,2019.SPSS统计分析与应用[M].北京:清华大学出版社.
[99] 李绍山,1999.语言研究中的统计学[M].西安:西安交通大学出版社.
[100] 刘海涛,林燕妮,2018.大数据时代语言研究的方法和趋向[J].新疆师范大学学报(哲学社会科学版),39(1):72-83.
[101] 刘倩云,焦丹,2022.基于CiteSpace的国内社会语言学研究现状、热点及前沿分析[J].外文研究,10(4):30-37.
[102] 刘润清,1999.外语教学中的科研方法[M].北京:外语教学与研究出版社.
[103] 马广惠,2003.外国语言学及应用语言学统计方法[M].咸阳:西北农林科技大学出版社.
[104] 秦晓晴,毕劲,2015.外语教学定量研究方法及数据分析[M].北京:外语教学与研究出版社.
[105] 沈光辉,范涌峰,陈婷,2019.教育研究中的P值使用:问题及对策:兼谈效应量的使用[J].数学教育学报,28(4):92-98
[106] 王蔷,胡亚琳,2014.通过开展行动研究做研究型外语教师[J].中小学外语教学,37(1):1-6.
[107] 吴亚欣,于国栋,2022.会话分析的本质与特征:一种社会学视角[J].科学技术哲学研究,39(5):102-107.
[108] 吴亚欣,于国栋,2017.为会话分析正名[J].山西大学学报(哲学社会科学版),40(1):85-90.
[109] 许宏晨.第二语言研究中的统计案例分析[M].北京:外语教学与研究出版社,2013.
[110] 杨维忠,张甜,王国平,2019.SPSS统计分析与行业应用案例详解[M].4版.北京:清华大学出版社.
[111] 佚名.参数检验和非参数检验[EB/OL].[2022-04-07].https://blog.cs-

dn. net/weixin_46271668/article/details/123981051.
[112] 佚名. 形成假设[DB/OL]. [2023-02-18]. https://baike. baidu. com/item/%E7%A0%94%E7%A9%B6%E5%81%87%E8%AE%BE/7959164? fr=aladdin#3.
[113] 佚名. 整群随机抽样[DB/OL]. [2022-01-18]. https://baike. baidu. com/item/%E6%95%B4%E7%BE%A4%E9%9A%8F%E6%9C%BA%E6%8A%BD%E6%A0%B7? fromModule=lemma_search-box.
[114] 于国栋,吴亚欣,2018. 努力建设汉语会话分析研究的科学体系[J]. 外国语(上海外国语大学学报),41(4):7-9.
[115] 于国栋,2022. 什么是会话分析[M]. 上海:上海外语教育出版社.